어린이
조선왕조실록 ❹

어린이 조선왕조실록 ❹

어린이 조선왕조실록 편찬위원회 글 | 전병준 그림
한국역사연구회 추천 및 감수

주니어김영사

머리말

《어린이 조선왕조실록》을 읽는 어린이들에게

자랑스러운 민족 문화를 깨닫는 첫걸음

 우리가 조상들의 삶을 알 수 있는 것은 우리에게 남아 있는 유물과 유적을 보고서 가능하지요. 그 중에서도 글로 남아 있는 책은 정말 소중한 역사 유물입니다.

우리나라 역사에 관심을 갖게 되면, 조상들이 훌륭한 민족 문화를 지켜 온 것에 대해 저절로 자랑스러운 마음이 생기고 뿌듯해진답니다. 만일 조상이 잘못한 점을 발견하게 되더라도, 우리는 다시 그런 잘못을 되풀이하지 않도록 조심하면 됩니다.

이러한 점에서 이번에 새롭게 엮은 《어린이 조선왕조실록》은 어린이들이 우리 역사에 관심을 가질 수 있도록 알기 쉽게 꾸몄어요. 《어린이 조선왕조실록》은 조선 27대에 걸친 왕들이 나라를 다스릴 때에 일어났던 일을 중심으로 엮은 거예요.

《어린이 조선왕조실록》을 통해서 조선 시대 사람들이 어떻게 살았고, 무슨 생각을 했는가를 알게 될 거예요. 그것이 바로 우리의 자랑스러운 민족 문화를 깨닫는 첫걸음입니다. 아울러 우리의 역사를 이해하면서 우리의 마음과 눈은 좀 더 넓어지고 깊어질 겁니다.

어린이 조선왕조실록 편찬위원회

인물의 삶으로 읽는 역사의 큰 흐름

우리는 현재를 살고 있으며, 마땅히 현재에 충실한 삶을 가꿔야 합니다. 그런데 현재는 홀로 존재하는 것이 아니라, 과거와 떼려야 뗄 수 없는 밀접한 관계입니다. 따라서 과거, 즉 역사를 알아야 비로소 현재를 온전하게 살아갈 수 있어요. 그런데 역사를 따분하고 어렵게 생각하는 어린이들이 많아서 우리나라 역사에 대해 제대로 알지 못하는 어린이들이 많아요.

이번에 주니어김영사에서 출간한 '처음 읽는 우리 역사' 시리즈는 주요 역사서를 기본 토대로 인물 중심으로 역사를 구성했어요. 인물을 중심으로 한 구성은 인물의 삶에 동화되어 역사의 흐름을 실감나게 느끼도록 해 주지요. 게다가 인물의 삶에 드러난 역사의 흐름을 조목조목 짚어 주어, 어린이들도 쉽게 역사적인 사실을 알 수 있습니다.

어린이들이 이 시리즈를 통해 역사에 더욱 가까이 다가가고, 그로 인해 모든 사람들의 노력이 결실을 맺으리라 믿습니다.

한국역사연구회

어린이 조선왕조실록 4

- 조선왕조실록에 대하여　8

| 제16대 | 국제 정세에 어두웠던 **인조**

　　　　인조 반정으로 광해군이 폐위되다　10
　　　　이괄의 난이 일어나다　13
　　　　병자호란으로 나라가 짓밟히다　21
　　　　치욕적인 의식을 치르다　27
　　　　소현 세자, 의문의 죽음을 당하다　33

| 제17대 | 북벌의 꿈을 이루지 못한 **효종**

　　　　북벌 계획을 세우다　36
　　　　이완, 효종의 북벌 계획을 돕다　43

| 제18대 | 예절에 관한 다툼에 휘말린 **현종**

　　　　상복 때문에 혼란이 오다　52
　　　　송시열, 주자학의 대가로서 파란만장하게 살다　55

| 제19대 | 상업의 발전을 이룬 **숙종**

희빈 장씨를 둘러싸고 권력 다툼이 벌어지다 _64
인현 왕후, 다시 왕비의 자리에 오르다 _69
산업이 발달하다 _71
안용복, 울릉도와 독도를 지키다 _72

| 제20대 | 당쟁의 소용돌이에 있던 **경종**

왕위에 있는 동안 당쟁에 시달리다 _80
신임사화가 일어나다 _83

| 제21대 | 학문을 좋아한 **영조**

탕평책을 실시하다 _86
박문수, 암행어사로 지방을 돌아다니다 _91
이인좌의 난이 일어나다 _95
세자가 뒤주에 갇혀 죽다 _98

• 역사옹달샘 **조선 시대 백성들의 생활**

조선 시대의 신분 제도 _104
조선 시대의 주민등록증, 호패 _105
관혼상제 이야기 _106
조선 시대의 학교 _108
조선 시대의 공부와 과거 제도 _110
문방사우 _112
조선 시대의 놀이 _114
조선 시대의 모자와 장식품 _116
조선 시대의 상업 활동 _118

조선왕조 실록에 대하여

하나, 《조선왕조실록》은 어떤 책인가요?
둘, 《조선왕조실록》은 어떻게 만들어졌나요?
셋, 《조선왕조실록》은 어떻게 보관했나요?
넷, 《조선왕조실록》은 어디에서 보관했나요?
다섯, 지금은 《조선왕조실록》이 어디에 있나요?

넷, 《조선왕조실록》은 어디에서 보관했나요?

세종 13년(1431)에 태종, 태조, 정종 실록을 각각 2부씩 복사하여 1부는 한성에 있는 춘추관에, 1부는 충주 사고에 보관했어요. 그러나 두 곳만으로는 불안하게 생각되어 세종 27년(1445)에 전주와 성주에 사고를 새로 만들어 각각 1부씩 보관했지요. 조선 초기에는 《조선왕조실록》을 이렇게 춘추관, 충주, 전주, 성주 네 곳의 사고에 보관했어요. 이 곳들은 모두 지방의 중심지로 관리하기에는 편했으나, 사람들이 많이 다니는만큼 사고에 불이 나기도 하고 도둑을 맞기도 했어요.

그러다 선조 25년(1592)에 임진왜란이 일어났어요. 왜군의 침략으로 춘추관을 비롯한 충주, 성주 사고의 실록이 모두 불에 타 버리고 전주 사고의 실록만 남게 되었어요. 전주에도 왜군이 들이닥쳤으나 전주 부근 태인에 살던 안의와 손홍록 두 사람이 《조선왕조실록》을 내장산의 깊은 산 속으로 옮겨 놓아 전주 사고의 실록만 무사할 수 있었지요.

임진왜란이 끝난 뒤 서로 몰려 있지 않으면서 사람들이 다니기 어려운 강화도의 마니산, 경상도 봉화의 태백산, 평안도 영변의 묘향

산, 강원도 평창의 오대산에 사고를 지었어요.

　전주 사고에 남아 있던 것을 토대로 다시 실록을 간행하여 모두 5부의 실록을 춘추관과 새로 세운 네 곳의 사고에 보관하게 되었어요. 그러나 춘추관에 있던 실록이 인조 2년(1624) 이괄의 난 때 모두 불타 없어지고, 그 뒤 다시 복구되지 않아서 그 이후부터 춘추관에서는 실록을 보관하지 않게 되었어요. 그래서 인조 이후부터는 실록 4부를 간행하여 나머지 네 곳의 사고에 각각 1부씩 보관했어요.

　묘향산 사고의 실록은 인조 때 후금이 침입하자 인조 11년(1633)에 전라도 무주의 적상산에 사고를 새로 지어서 옮겼어요. 또 강화도의 마니산 사고는 병자호란이 일어났을 때 크게 망가졌어요. 그런데다 효종 4년(1653)에 불이 나자 숙종 4년(1678)에 강화도의 정족산에 사고를 새로 지어 마니산 사고에 있던 실록을 옮겼지요. 일제 강점기 전까지 실록은 정족산, 적상산, 태백산, 오대산 네 곳의 사고에 각각 1부씩 보관되어 왔어요.

제16대
국제 정세에 어두웠던 인조

후금과 명나라 사이에서 유연한 태도를 보이던 광해군과 달리 인조는 후금을 배척하고 무시했습니다. 결국 인조는 삼전도에서 청나라에게 치욕스런 항복을 하게 되었습니다.
● 재위 기간(1623~1649)

🌀 인조 반정으로 광해군이 폐위되다

인조 반정이란 광해군 15년(1623)에 서인 일파가 광해군과 광해군을 지지하는 대북파를 몰아 내고 능양군 종(인조)을 왕으로 세운 일입니다.

이귀, 신경진, 김자점, 김류, 이괄 등 서인 일파는 대북파와 대립하고 있었습니다. 서인은 대북파가 명나라와 후금(1616년에 여진족 출신의 누르하치가 세운 나라로, 1636년에 이름을 청으로 바꾸었음) 사이에서 중립적인 입장을 취하고 있는 것이 불만이었습니다. 서인은 명나라를 받들어야 할 나라로 여기고 있었기 때문입니다. 또 서인은 영창 대군과 인목 대비를 지지했기 때문에 광해군을 지지하는 대북파와 생각이 달랐습니다.

서인 일파는 광해군이 형 임해군을 죽인 일, 이복 동생 영창 대군을 죽이고 새어머니인 인목 대비를 가둔 일들을 구실로 삼아 왕위에서 몰아 낼 계획을 세웠습니다.

광해군 15년(1623) 3월 12일 밤, 서인 일파는 마침내 군사를 이끌고 홍제원(나라에서 운영하던 여관으로, 서울에서 의주까지 가는 길의 첫 번째에 있었음)에서 모였습니다. 이들 반란군은 대장 김류를 앞세우고 대궐로 쳐들어갔습니다.

반란군은 훈련대장 이흥립의 도움을 받아 대궐을 쉽게 점령했습니다. 광해군은 반란군이 대궐 안으로 침입한 뒤에야 이 사실을 알고 급히 대궐 뒷문으로 달아났습니다.

능양군은 서궁으로 인목 대비를 찾아갔습니다. 인목 대비는 광해군을 폐위하고 능양군을 왕으로 삼는다는 교서(왕이나 제후가 내리는 명령서)를 내렸습니다.

광해군은 의관 안국신의 집에 숨었지만 곧 붙잡혀 강화도에 유배되었습니다.

인조 반정으로 대북파는 몰락했으며 서인이 권력을 잡게 되었습니다. 그리고 남인의 이원익이 영의정이 되면서 남인은 조정의 두 번째 세력이 되었습니다.

인조는 광해군을 따르는 세력을 몰아 내고 자신의 세력을 펼치려 했습니다. 그러나 이괄의 난이 일어나고, 후금이 점점 더 커지면서 인조는 어려움에 처하게 되었습니다.

이괄의 난이 일어나다

인조 반정을 일으킨 공신들은 논공행상(공로를 조사하여 그 공로의 크고 작음에 따라 상을 주는 일)에 따라 모두 높은 관직에 올랐습니다.

이괄은 인조 반정 때 누구보다 큰 공을 세웠으나 반정 계획에 늦게 참여

했다는 이유로 2등 공신이 되었습니다. 그리고 관서 지방에 오랑캐가 쳐들어올 염려가 있다 하여 이괄을 도원수 장만의 부하인 부원수로 임명하여 평안도 영변으로 보냈습니다.

이괄은 논공행상에 불만이 있기는 했지만 일에 몰두하는 것으로 마음을 달래려 했습니다.

영변으로 간 이괄은 병기를 정비하고 군사를 훈련시키는 등 바쁜 나날을 보냈습니다. 그런데 이괄의 행동을 본 김류와 몇몇 대신들은 이괄이 반란을 꾀한다고 오해했습니다. 김류 등은 먼저 이괄의 아들을 잡아들이고, 서둘러 이괄에게도 군사들을 보내 없앨 계획을 세웠습니다.

이괄은 가만히 있다가 헛되이 죽음을 당할 수는 없었습니다. 이괄은 자신을 잡으러 온 장수를 죽이고 군사를 일으켰습니다. 이괄의 밑에는 1만 명이 넘는 군사가 있었습니다.

이괄의 군사는 난을 일으킨 지 얼마 지나지 않아 여러 고을을 함락시켰습니다. 이괄은 군사를 이끌고 무서운 기세로 몰아치며 평안도를 지나 황해도까지 차례로 점령했습니다.

나라에서는 이괄의 군사를 막을 관군을 보냈고, 도원수 장만은 군사를 이끌고 이괄의 군사와 싸웠으나 패하고 말았습니다. 이괄은 곧장 한양으로 진격하여 경기도 개성에 다다랐습니다.

관군이 패하고 도성이 위태로워지자 인조는 한양을 떠나 급히 충청도 공주로 피난을 갔습니다.

이괄이 한양으로 진격하고 있을 때 안주 방어사로 있던 정충신은 이 소식을 듣고 이괄과 함께 반란에 가담했다는 의심을 받을까 봐 급히 도원수 장만에게 달려갔습니다. 정충신은 평소 이괄과 가까운 사이였습니다. 도원수 장만은 이괄에 대해 잘 알고 있는 정충신을 부원수로 임명한 뒤 군사 2000명을 주어 이괄을 무찌르게 했습니다. 그리고 장만 자신도 군사 1000여 명을 이끌고 그 뒤를 따랐습니다.

한양을 점령한 이괄은 선조의 열째 아들인 흥안군을 왕으로 세우고 조정의 모습을 갖추기 위해 예전의 대신들에게 벼슬을 주었습니다. 그리고 과거까지 실시해 관리를 뽑았습니다.

그 무렵 정충신은 군사를 이끌고 올라와 서문 밖 길마재(안현)를 점령했습니다.

이 사실을 들은 이괄은 깜짝 놀랐습니다.

"도원수 장만은 신경 쓰지 않아도 좋지만, 정충신은 강한 상대이다. 정충신이 만일 북산에 머무른다면 우리 편이 낮은 지대에 있게 되니 정충신을 이기기 힘들 것이다. 가서 북산을 빼앗자. 그러고 나서 장만을 공격한다면 정충신도 어쩔 수 없을 것이다."

이괄은 서둘러 군사를 일으켜 길마재로 쳐들어갔습니다. 이괄의 군사 수천 명이 총을 쏘며 공격하자 관군들이

놀라서 도망을 치려 했습니다.

정충신은 크게 노하여 장수를 시켜 달아나려는 군사들의 목을 베게 했습니다. 그리고 칼을 휘두르며 군사들을 지휘했습니다.

"누구든 물러서면 죽고, 나가면 상을 탈 것이다!"

그 때 바람이 이괄의 군대 쪽으로 불었습니다. 정충신은 재빨리 군사를 시켜 매운 재에 고춧가루를 섞어서 날려 보냈습니다. 이괄의 군사들은 매워서 눈을 뜰 수 없자 허둥대기 시작했습니다.

정충신의 군사들은 이 기회를 놓치지 않고 돌격했습니다. 그러나 이괄의 군사들도 만만치 않아 좀처럼 물리치기가 어려웠습니다. 그 때 이괄의 군대 뒤쪽에서 꽹과리와 징 소리가 크게 울리며 사람들이 외치는 소리가 들렸습니다.

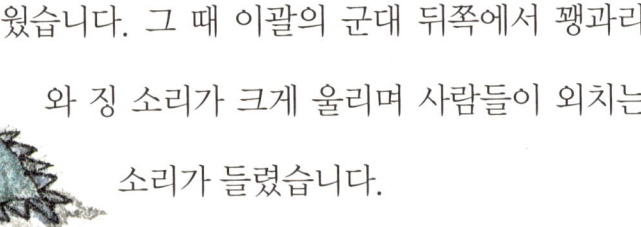

"이괄이 패했다!"

그 소리를 듣고 이괄의 군사들은 사기가 꺾여 사방으로 흩어졌습니다. 이괄은 남은 군사들과 한강 너머로 급히 도망을 갔습니다. 다른 장수들이 이괄을 뒤쫓으려 했으나 정충신이 말렸습니다.

"패해서 달아나는 장수이니 내버려 두어도 누군가 그의 목을 들고 오는 자가 있을 것이다. 힘 잃고 달아나는 사람들 몇 명을 잡기 위해 군사를 움직여 백성들에게 피해를 주느니 이번 반란으로 놀란 백성들의 마음을 어루만지고 뒷수습이나 하자."

얼마 뒤 패하여 달아나는 이괄의 군사들은 하나 둘 떨어져 나갔습니다. 경기도 이천에 도착했을 때 이괄의 부하는 여섯 사람만이 남았습니다. 그 여섯 사람이 그 날 밤 잠든 이괄의 목을 베었습니다. 잠시 도성까지 점령하여 권력을 쥐었던 이괄은 부하들의 손에 비참한 최후를 맞았습니다.

이괄의 난은 비록 빠른 시일 안에 끝나기는 했지만 조선을 뒤흔든 큰 사건이었습니다.

🌸 병자호란으로 나라가 짓밟히다

이괄의 난이 끝나고 인조가 다시 한양으로 돌아와 마음을 놓고 있을 때였습니다. 후금이 조선으로 쳐들어오고 있다는 소식이 전해졌습니다.

"후금이 무엇 때문에 조선에 쳐들어온단 말인가?"

"광해군을 몰아 내고 인조를 새 왕으로 모신 것에 화가 나서 쳐들어온다고 합니다."

후금과 명나라 사이에서 유연한 태도를 보이던 광해군과는 달리 인조는 후금을 멀리하고 무시했습니다. 후금이 보낸 사신을 함부로 죽이기도 하고, 후금에게 쫓겨서 조선으로 도망 온 명나라 장군의 비위를 맞추면서 돈을 건네기도 했습니다.

후금은 이러한 조선의 태도를 못마땅해하며 호시탐탐 조선을 침략할 기회를 노렸습니다. 인조 5년(1627), 후금은 마침내 3만 명의 군사를 이끌고 쳐들어왔습니다. 이것이 정묘호란입니다.

후금의 군대가 황해도에 이르자 인조는 도성을 떠나 다시 강화도로 몸을 피했습니다. 그리고 나서 후금에게 전쟁을 끝

내자고 사정을 했습니다.

후금은 조선의 뜻을 받아들여, 조선과 형제의 나라가 되기로 약속하고 돌아갔습니다.

그 뒤 후금은 명나라를 치면서 조선에 군사들이 먹을 식량과 병선을 보낼 것을 요구했으며, 인조 10년(1632)에는 형제 관계 대신 군신 관계를 맺고 해마다 공물을 바칠 것을 요구했습니다. 이러한 후금의 강압적 정책으로 조선에서는 후금에 대한 감정이 더 나빠졌습니다.

후금은 내몽골의 땅을 통일한 뒤, 국호를 청으로 바꾸었습니다. 청나라는 인조 14년(1636) 2월에 조선에 신하

를 보내 조선 조정도 청나라의 태종을 황제라 부를 것을 요구했습니다.

그러나 인조는 청나라 사신을 보지도 않고 국서(한 나라의 왕이 다른 나라의 왕에게 보내는 문서)도 받지 않았습니다. 인조는 명나라에 더 치우쳐 있었기 때문입니다. 조정 대신들 중에는 청나라 사신을 만나야 한다고 주장한 사람도 있었지만, 청을 배척해야 한다는 주장이 더 강했습니다. 인조는 드디어 싸울 뜻을 굳히고 8도에 알려 전쟁 준비를 서둘렀습니다.

같은 해 12월 2일, 청나라의 태종은 몽골족과 한족으로 구성된 10만 대군을 직접 거느리고 선양을 출발하여 9일에 압록강을 건너 쳐들어왔습니다.

이 때, 의주 부윤으로 있던 임경업이 백마산성을 굳게 지키고 있었으나 청나라 군대는 이 길을 피하여 진격해 왔습니다. 청나라 군대는 선양을 떠난 지 10여 일 만에 한양 근교에 도착했습니다.

조선의 조정에서는 청나라 군대가 한양에 도착하기 전날에서야 그 사실을 알게 되었습니다. 조정에서는 급히 회의를 한 뒤 청나라와 잘 지내야 한다고 주장했던 최명길 등의 대신을 보내어 시간을 벌도록 했습니다. 그리고 봉림 대군과 인평 대군을 비롯한 왕족들을 우선 강화도로 피난 가게 했습니다.

인조도 세자와 신하들을 거느리고 그 뒤를 따르려 했지만 이미 길이 막혀 있었습니다. 인조는 소현 세자와 조정 신하들을 데리고 남한산성으로 피신했습니다.

남한산성에서 인조는 급히 명나라에 사신을 보내어 지원군을 요청하고 전쟁이 일어났음을 전국 8도에 알렸습니다.

16일에 청나라 군사는 이미 남한산성을 포위했습니다. 이듬해인 1637년 1월에는 청나라의 태종이 도착하여 남한산성 아래에 진을 치고 직접 군사들을 지휘했습니다. 남한산성은 완전히 고립되었습니다. 성 안에는 군사 1만 2000여 명이 있었지만 식량은 1만 4000여 섬이 전부였습니다. 이 상태로는 겨우 50여 일을 버틸 수 있을 정도였습니다.

남한산성이 포위된 지 45일째가 되자 군사들은 추위와 배고

품에 지쳤습니다. 또 희망을 걸었던 명나라의 지원군은 오는 도중에 모두 청나라 군사에게 크게 패하여 쫓겨 갔습니다. 마침내 인조는 성문을 열고 항복을 했습니다.

치욕적인 의식을 치르다

인조 15년(1637) 1월 10일 이후, 최명길 등 대신들은 청나라와 협상을 시작했습니다.

청나라 태종은 인조가 성문 밖으로 나와 항복하고 두 나라의 관계를 나쁘게 만든 주모자 두세 명을 청나라에 넘겨 주면 전쟁을 끝내고 화해를 하겠다고 주장했습니다.

인조는 처음에는 이를 받아들이지 않았으나 강화도마저 함락되었다는 소식이 전해지자 하는 수 없이 청나라의 조건을 받아들였습니다. 같은 해 1월 30일, 인조는 삼전도(지금의 서울 송파구 송파동에 있었던 한강의 나루)에서 청나라 태종에게 치욕적인 항복을 했습니다.

청나라가 조선에 요구한 것은 모두 11개 항목이었습니다.

> 조선은 청에 대하여 신하의 예를 행할 것
>
> 조선은 명나라의 것을 따르던 연호를 폐지하고 명과 교류을 끊고 명에서 받은 고명, 국보, 옥책을 내놓을 것……

옛날 중국에서는 중국을 섬기는 나라의 왕이 왕위에 오를 때 즉위를 인정하고 왕으로 책봉하는 문서를 주었는데 이것을 '고명'이라고 했습니다. 이 때 함께 내린 금도장을 '국보'라 하고, 왕을 칭찬하는 내용의 글을 지어 옥에 새겨 책처럼 엮은 것을 '옥책'이라고 했습니다.

항복 의식을 치를 때, 인조는 왕이 입는 곤룡포 대신에 하급 관리가 입는 남색 옷을 입어야 했으며 죄인이므로 남한산성의 정문인 남문이 아닌 서문으로 나와야 했습니다.

항복 의식은 삼전도 나루에 설치된 수항단에서 치러졌습니다. 수항단은 황금빛 천으로 장식되어 있었으며 아홉 계단으로 이루어져 있었습니다. 중국에서는 황금빛은 황제를, 숫자 9는 천하를 상징합니다.

말에서 내린 인조는 수항단을 향해 걸어갔습니다. 양 옆에는 무장한 청나라 군사들이 늘어서 있었습니다.

예식은 청나라 사신이 만주어로 '삼배구고두례요.'라고 외치는 것으로 시작되었습니다. 항복의 뜻으로 세 번 절하고 아홉 번 머리를 조아리는 삼배구고두례는 제후가 황제에게 하는 예절입니다.

인조는 굴욕을 참으며 모든 의식을 치렀습니다. 해질 무렵에야 모든 의식이 끝났습니다. 인조는 청나라 군사의 호위를 받으며 한양으로 갈 수 있었습니다. 하지만 소현 세자와 봉림 대군 등 왕자들은 볼모로 잡혀 가고 수많은 백성들이 청나라로 끌려갔습니다.

청나라를 배척하자는 주장을 강력히 폈던 홍익한, 윤집, 오달제 등 삼학사도 청나라로 끌려가서 처형을 당했고, 김상헌도 후에 잡혀 가서 오랫동안 옥살이를 했습니다.

병자호란이 끝나고 2년 뒤인 인조 17년(1639), 청나라 태종은 삼전도에 청나라의 승리를 기리는 비문을 세우라고 조선에 지시했습니다. 그 때부터 수백 년 동안 청나라 사신들은 조선을 방문하면 이 삼전도비를 꼭 둘러보고 돌아갔습니다.

세월이 흘러 청나라의 세력이 약화되자 조선은 1895년에 삼전도비를 강물 속으로 쓰러뜨렸습니다. 하지만 그 뒤 일본이 우리 나라를 통치하면서 조선이 오래 전부터 예속(다른 사람이나 세력의 지배를 받는 일)된 국가라고 주장하기 위해 다시 세웠습니다. 삼전도비는 현재 서울 송파구 석촌동에 있습니다.

소현 세자, 의문의 죽음을 당하다

소현 세자의 죽음에는 풀리지 않는 의문점이 많았습니다. 소현 세자는 병자호란 때 청나라에 볼모로 끌려가 갖은 고생과 굴욕을 겪고 돌아와서 얼마 뒤 병을 얻어 갑작스런 죽음을 맞이한 것입니다. 또한 소현 세자의 부인 강빈과 자식들도 모두 비참한 죽음을 맞았습니다.

소현 세자가 왜 그렇게 갑자기 세상을 떠났는지에 대해서 사람들은 많은 추측을 했습니다. 가장 설득력 있는 것은 놀랍게도 아버지인 인조가 독살했을 것이라는 추측입니다.

볼모로 잡혀 있는 동안 소현 세자는 인조의 미움을 사게 되었습니다. 소현 세자는 낯설고 이상한 서구 문물에 관심이 많은데다가 인조에게는 복수의 대상인 청나라에 우호적인 태도를 취했기 때문입니다. 청나라의 막강한 힘과 발전된 서구 문물을 접한 소현 세자는 조선이 바깥 세계와 교류해야 한다는 생각을 하게 되었습니다.

소현 세자가 왕위에 오르면 인조의 뜻과는 다른 정치를 할 것이 분명했습니다. 게다가 합리적이고 유연한 소현 세자의 태도에 청나라는 인조보다도 소현 세자와 상대하는 것을 더 좋아했습니다.

인조는 청나라가 자신을 몰아 내고 소현 세자를 왕위에 앉히려 한다고 생각했습니다. 이러한 인조의 마음을 알아챈 일부 세력들이 인조에게 소현 세자를 모함하기 시작했습니다.

이러한 때에 소현 세자가 9년 만에 고국으로 돌아왔습니다. 인조는 소현 세자를 신하들의 인사도 받지 못하게 했을 정도로 냉대했습니다. 그리고 두 달 뒤 소현 세자는 세상을 떠났습니다.

《인조실록》의 인조 23년(1645) 6월 27일의 기록에는 이렇게 적혀 있습니다.

…… 세자는 병이 난 지 며칠 만에 죽었는데 온몸이 전부 검은빛이었고 얼굴의 일곱 구멍에서 모두 피가 흘러나와 검은

> 헝겊으로 얼굴을 반쪽만 덮어 놓았으나 곁에 있는 사람도 그 얼굴빛을 분간할 수 없어서 마치 약물에 중독되어 죽은 사람 같았다. ……

 이것으로 미루어 볼 때 소현 세자가 독살을 당했다고 생각할 수 있습니다.

 인조는 소현 세자가 죽은 뒤에 소현 세자의 맏아들이 아닌 자신의 둘째 아들 봉림 대군을 세자로 삼았으며 소현 세자의 세 아들을 모두 귀양 보냈습니다. 또한 소현 세자의 아내인 강빈은 왕의 수라에 독을 넣었다는 모함을 받아 사약을 받고 죽었습니다.

 조선은 그로부터 200여 년이 지난 1876년에 이르러야 서구에 문호를 개방하게 되었습니다.

 소현 세자의 죽음은 나라의 운명을 바꾼 안타까운 희생임에 틀림없습니다.

제17대
북벌의 꿈을 이루지 못한 효종

효종은 병자호란이 끝난 뒤 청나라에 볼모로 잡혀가 온갖 어려움을 겪었습니다. 청나라에 대한 원한이 누구보다도 깊었던 효종은 북벌에 대한 의지가 매우 강했습니다. 효종은 왕위에 오른 뒤 북벌 계획을 추진했습니다.
● 재위 기간(1649~1659)

북벌 계획을 세우다

효종은 인조의 둘째 아들 봉림 대군으로, 형인 소현 세자가 세상을 떠난 뒤 세자가 되었습니다. 인조 27년(1649)에 왕위에 오른 효종은 청나라를 배척했던 아버지 인조의 뜻을 이어받아 청나라를 치기 위한 북벌 계획을 추진했습니다.

효종은 청나라와 가까이 지낼 것을 주장하는 김자점과 같은 대신들을 제거하고 청나라를 배척하는 송시열, 송준길, 김집 등을 등용했습니다. 그리고 국경 부근의 수비를 더욱 강화했습니다.

또한 효종은 관무재를 크게 실시하여 군사들의 사기를 높여 주었고 군사들의 훈련 상황도 꼼꼼히 점검했습니다. 관무재는 무관을 뽑는 시험인 무과의 한 종류입니다. 관무재는 특별한 어명이 있을 때 실시했으며 초시와 복시로 나누어졌습니다. 초시를 보아 복시를 볼 사람을 뽑은 뒤 복시에 합격하면 군관에 임명되었습니다.

효종 4년(1653)에는 네덜란드 사람인 하멜 일행이 일본으로 가던 중 풍랑을 만나 제주도로 표류해 들어왔습니다. 효종은 하멜에게 그들이 가지고 온 정교한 조총을 모방하여 새로운 조총을 만들도록 지시했습니다.

효종은 무기 개량에도 힘써 지금까지 쓰던 짧은 검 대신 긴 검을 쓰도록 했으며 긴 화살을 만들도록 했습니다. 또한 활에 장식을 없애 간편하게 쏠 수 있도록 했습니다. 특히 조총을 민간에서도 만들게 하여 나라에 조총 10만 정을 보유했고 전투복을 단순화시켰습니다.

효종은 어영군과 금군을 새로 정비하고 개편했으며 기마병을 늘리기 위해 노력했습니다. 그리고 전쟁 준비에 필요한 돈을 마련하기 위해 세금으로 평민에게만 걷던 군포를 양반에게도 거두려 했습니다.

효종은 8년 동안 청나라에 볼모로 잡혀 있으면서 온갖 어려움을 겪었습니다. 그래서 청나라에 대한 원한이 어느 누구보다도 깊었습니다. 무엇보다도 오랑캐로 여기며 무시했던 여진족에게 수모를 당한 것은 커다란 치욕이었습니다. 그렇기 때문에 북벌에 대한 효종의 의지는 매우 강했습니다.

하지만 대신들은 뜻밖에도 효종의 북벌 계획을 강하게 반대했습니다.

"군사 시설과 군대를 강화해 국력을 튼튼히 하기 전에 백성들의 생활을 돌봐야 합니다."

"그러하옵니다, 전하. 임진왜란과 병자호란을 겪은 뒤 백성들은 무척 비참하게 생활하고 있습니다. 백성들은 먹고살기도 힘든데 나라에서 자꾸 부역에 동원하자 불만을 터뜨리고 있습니다. 게다가 남쪽 지방에서는 도적이 날뛰어 나라 안이 어수선합니다."

"또한 자연 재해가 잇달아 일어나 나라의 재정도 몹시 어렵습니다. 우리 나라의 형편으로 보아 청나라를 힘으로 정벌한다는 것은 불가능합니다."

당시 청나라는 명나라를 쓰러뜨린 뒤 안정된 기반을 다져가고 있었습니다. 그리고 조선에 대한 감시를 엄격히 했기 때문에 청나라의 눈을 피해 북벌을 추진하는 데에는 많은 어려움이 있었습니다.

하지만 효종은 생각이 달랐습니다.

"그렇지 않소. 청나라 군대는 기강이 느슨해져 있소. 게다가 청나라를 둘러싼 중국의 움직임이 불안정하기 때문에 오히려 북벌을 성공시킬 수 있는 좋은 기회요."

효종이 북벌 계획을 강력하게 추진하자 많은 신하들이 벼슬을 내놓고 고향으로 내려가거나 상소를 올리며 거세게 반대했습니다.

효종은 신하들이 반대하는데도 10만 명의 군사를 양성할 것을 주장하며 도망간 노비를 잡아들이는 노비추쇄사업(부역이나 병역을 피하기 위해 숨은 사람이나 도망친 노비들을 찾아 내어 원래 있던 곳으로 돌려보내는 일)을 벌였습니다.

효종은 청나라의 요청으로 2차에 걸쳐 나선 정벌군을 파견하면서 더욱 강력한 북벌 정책을 꿈꾸었습니다.

나선은 지금의 러시아입니다. 러시아가 차츰 동쪽으로 진출하자 효종 2년(1651)에 청나라와 러시아 간에 싸움이 벌어졌습니다. 청나라는 조선에 지원군을 요청했습니다. 효종은 청나라를 도와 주고 싶지 않았지만 군대를 파견하기로 결정했고, 조선 군대는 러시아를 크게 물리쳤습니다.

효종 9년(1658)에, 다시 청나라의 지원 요청을 받아 군대를 파견해 러시아 군대를 물리쳤습니다. 나선 정벌의 명분은 청나라를 도와 주는 것이었지만, 효종은 이를 계기로 군비를 강화하고 산성을 정비하는 등 북벌의 기초를 다졌습니다.

처음에는 북벌에 찬성하던 송시열 등도 효종 말년에는 군비를 강화하는 데 많은 어려움이 있다는 이유로 반대했습니다. 백성들도 북벌에 대해 지지하지 않았습니다.

이러한 상황에서도 효종은 죽을 때까지 북벌 계획을 포기하지 않았습니다. 효종은 국가 체제를 정비하고 전쟁으로 흐트러진 민심을 한 곳에 모으려고 했습니다.

하지만 효종은 결국 북벌의 뜻을 이루지 못하고 1659년, 41세의 나이로 세상을 떠났습니다.

북벌론은 숙종 때에 윤후, 허적 등 남인에 의해 계승되었습니다. 실제로 숙종 즉위년(1674)에 청나라가 오삼계의 난으로 혼란한 틈을 타 청나라를 공격하려 했습니다. 하지만 청나라가 곧 오삼계의 난을 진압하며 안정되었고, 숙종 6년(1680)에 남인이 힘을 잃으면서 북벌은 결국 이루어지지 못했습니다.

이완, 효종의 북벌 계획을 돕다

이완은 인조 2년(1624) 무과에 급제한 뒤에 영유 현령을 거쳐 상원 군수, 숙천 부사를 지내고 평안도 병마절도사까지 승진했습니다.

인조 14년(1636), 병자호란이 일어나자 이완은 김자점의 부하 장수로 싸움터에 나갔습니다. 이완은 정방산성 싸움에서 큰 공을 세우고 함경도 병마절도사가 되었습니다. 인조 21년(1643)에는 경기도 수군절도사와 삼도통어사를 겸했습니다.

효종은 왕이 된 뒤 송시열, 이완과 함께 북벌을 계획했습니다. 효종 3년(1652), 이완은 어영대장이 되었다가 이듬해 훈련대장이 되었습니다. 이완은 그 때부터 새로운 무기를 만드는 한편, 성곽을 고치고 다듬어 북벌을 위한 전쟁 준비를 서둘렀습니다.

효종 6년(1655), 이완은 한성부 판윤, 공조 판서를 지내고 이듬해 다시 훈련대장으로 임명되었습니다. 그러나 아쉽게도 효종의 죽음으로 북벌 계획은 중단되고 말았습니다.

현종 6년(1664), 이완은 공조 판서에 이어 다시 훈련대장에 임명되었습니다. 이듬해에는 병조 판서에 임명되었으나 사양하고 물러났습니다. 그러나 현종은 현종 13년(1671)에 이완을 다시 불러 수어사라는 높은 직책을 맡겼습니다. 얼마 뒤 이완은 포도대장을 거쳐 우의정이 되었습니다.

이완이 젊었을 때 이런 일이 있었습니다.

이완은 사냥하는 것을 좋아했습니다. 하루는 이완이 산 속을 돌아다니며 짐승을 잡다가 길을 잃었습니다. 어느덧 날이 저물었습니다.

산 속을 헤매다 보니 멀리 희미한 불빛이 보였습니다. 불빛을 향해 가니 뜻밖에도 큰 대문이 있는 기와집이 보였습니다.

이완은 대문을 두드리면서 사람을 불렀습니다. 한참 뒤 대문 틈으로 한 여인이 내다보면서 물었습니다.

"누구신데 이렇게 늦은 시간에 찾아오셨습니까?"

이완이 대답했습니다.

"나는 길을 잃은 사냥꾼이오. 밤이 깊어 산을 내려갈 수 없으니 여기서 하룻밤만 묵어 가게 해 주시오."

여인은 밖으로 나오지 않고 여전히 대문 틈으로 내다보며 말했습니다.

"죄송하지만 그렇게 할 수 없습니다. 인정 없다 하지 마시고 어서 가십시오. 이 쪽으로 작은 길이 있으니 어서 가십시오."

"어허, 너무하지 않소? 이 댁의 사정도 있겠으나 밤중에 길 잃은 나그네를 문 앞에서 돌려세우다니, 정말 너무하오. 산이 험할 뿐더러 길이 있다고 해도 너무 어두워 잘 보이지도 않소. 지금 산 속을 헤매다가는 짐승의 밥이 되고 말 거요. 어서 문을 좀 열어 주시오."

한참 동안 말이 없던 여인이 소리 죽여 말했습니다.

"재워 드리고 싶어도 그렇게 하지 못합니다. 실은 이 집은 도둑의 소굴로 저도 잡혀 온 사람입니다. 그러니 어서 떠나십시오."

이완은 그 말에 아랑곳하지 않고 큰 소리로 말했습니다.

"글쎄, 산 속을 헤매다 짐승에게 잡아먹히는 것보다는 사람의 손에 죽는 게 낫지 않겠소. 그러니 문이나 열어 주시오."

이완은 대문을 억지로 열었습니다.

"이 집이 도둑의 집이라 했는데, 도둑놈은 어디 있소?"

이완은 방으로 들어서며 물었습니다.

"아침에 사냥을 나갔으니 이제 곧 돌아올 것입니다."

"그럼 죽을 때 죽더라도 우선 저녁이나 먹게 해 주시오."

이완의 말에 여인도 무슨 생각을 했는지 말없이 부엌으로 들어가 밥상을 차려 왔습니다. 밥과 산짐승의 고기로 된 반찬을 맛있게 먹고 뱃속이 든든해진 이완은 방에 누웠습니다.

얼마 뒤 대문이 열리며 발자국 소리가 났습니다.

"아, 이제는 늦었습니다. 이 일을 어떡하면 좋아요?"

여인은 바들바들 떨었습니다. 그래도 이완은 꿈쩍도 않고 조용히 누워 있었습니다.

이윽고 도둑이 문을 열고 들어오더니 이완을 보고 흠칫 놀라며 소리쳤습니다.

"웬 놈이냐? 너는 누군데 남의 집에 들어와 누워 있느냐?"

"사냥을 하다가 길을 잃은 사냥꾼이다. 하룻밤 묵어 갈 생각이니 그리 알아라."

"뭐라고, 이놈이!"

도둑은 화를 내며 이완의 몸을 밧줄로 묶어 대들보에 매달았습니다.

"저녁을 먹고 이놈을 죽여야지. 이봐, 고기와 술을 가져와."

여인은 벌벌 떨면서 술을 내왔습니다. 도둑은 술을 마시고 고기를 뜯어 먹었습니다.

그 모습을 보고 이완이 말했습니다.

"졸장부로군. 어찌하여 사람이 옆에 있는데 같이 마시자는 말도 없이 혼자서 술을 마신단 말인가?"

"뭐라고……."

도둑은 한참 동안 이완을 노려보더니 갑자기 웃었습니다. 그러고는 술잔을 들고 대들보에 매달린 이완 앞으로 성큼 다가왔습니다.

도둑은 술잔을 이완에게 내밀었습니다. 이완이 대들보에 매

달린 채로 술을 맛있게 먹자 도둑은 밧줄을 끊고 이완을 풀어 주었습니다.

이완이 자리에 앉자 도둑은 고개를 숙이며 잘못을 빌었습니다.

"제가 크게 될 사람을 몰라봤습니다. 용서해 주십시오. 이것도 인연이니 앞으로 기회가 되거든 제 목숨을 한 번만 구해 주십시오."

그러고 나서 술을 대접하는 것이었습니다. 이완은 얼떨떨했지만 워낙 배짱이 큰 사람이라 놀라지 않고 도둑과 술을 마시고 산을 내려왔습니다.

그 뒤 세월이 흘렀습니다.

이완은 무과에 급제하여 벼슬길에 나아갔습니다. 그리고 승진을 거듭한 끝에 포도대장이 되었습니다.

어느 날 지방에서 도둑이 잡혔는데 그 죄가 하나 둘이 아니어서 사형을 시키기로 판결이 났습니다. 그런데 그 도둑은 죽기 전에 포도대장을 만나고 싶다고 간청을 했습니다.

이완은 도둑의 마지막 소원을 들어주었습니다.

도둑이 이완을 만나러 들어왔습니다. 이완이 도둑의 얼굴을 보니 어디선가 본 듯했습니다.

도둑이 말했습니다.

"소인을 모르시겠습니까?"

"어디선가 본 듯한데, 생각이 잘 나지 않는구나."

"소인은 나리께서 젊은 시절 사냥을 하다가 산 속에서 길을 잃고……."

"알았다!"

이완은 그제야 모든 것이 기억났습니다.

"흐음, 약속을 어길 수는 없지."

이완은 지난 날 도둑과 맺었던 약속을 조정에 알리고, 그 도둑을 살려 줄 것을 간청했습니다. 조정에서는 이완의 인품을 믿고 도둑의 목숨을 살려 주었습니다.

몇 년 뒤 도둑은 옥살이를 마치고 이완을 찾아왔습니다. 도둑은 예전에 비해 표정이 훨씬 부드럽고 평온해 보였습니다.

새 사람이 되었던 것입니다.

"갈 데는 있느냐?"

"소인이 어디로 가겠습니까? 거두어만 주신다면 무슨 일이든지 하겠습니다."

"그럼 말을 키우는 일을 하도록 하라."

"감사합니다."

도둑은 진심으로 고마워하며 그 날부터 포도청에서 말을 돌보는 일을 맡았습니다. 그 뒤 도둑은 다시는 도둑질을 하지 않았으며 오래도록 포도청에서 마구간 돌보는 일을 했습니다.

제18대
예절에 관한 다툼에 휘말린 현종

현종이 왕으로 있던 동안은 나라 안이 매우 혼란스러웠습니다. 해마다 흉년 때문에 굶어 죽는 백성들이 많았습니다. 그런데도 조정의 신하들은 당파 싸움을 벌여 나라를 제대로 돌보지 않았습니다.
● 재위 기간(1659~1674)

🌀 상복 때문에 혼란이 오다

 효종 10년(1659) 효종이 세상을 떠나자 현종이 그 뒤를 이어 조선 제18대 왕이 되었습니다. 현종은 효종의 맏아들로 아버지가 청나라 선양에 볼모로 잡혀가 있을 때 태어났습니다. 그래서인지 현종은 어렸을 때부터 마음이 여리고 기질이 강하지 못했습니다.

 현종이 왕으로 있던 15년간은 나라 안이 매우 혼란스러웠습니다. 청나라의 간섭이 심하지 않고 전쟁은 없었지만, 해마다 흉년 때문에 굶어 죽는 백성들이 많았습니다. 그런데도 조정의 신하들은 당파 싸움을 벌여 나라를 제대로 돌보지 않았습니다.

현종은 왕위에 오르자마자 효종의 상을 치르는 문제로 남인과 서인의 싸움에 휘말렸습니다. 세상을 떠난 효종이 인조의 둘째 아들이었기 때문에 인조의 계비인 자의 대비가 어떤 상을 치러야 할지 남인과 서인의 주장이 달랐습니다.

자의 대비는 이미 소현 세자의 상을 치를 때 맏아들에게 하는 예로 3년 동안 상복을 입었기 때문입니다. 예법의 기준이 되는 《오례의》(상례, 길례, 군례, 반례, 가례의 다섯 가지 예법의 기준을 적어 놓은 책)에도 없는 경우였습니다.

서인인 송시열과 송준길이 말했습니다.

"효종께서는 둘째 아들이므로 1년 상을 치러야 합니다."

그러자 남인 쪽에서 말했습니다.

"아닙니다. 왕이 되었으니 3년 상을 치르는 것이 마땅합니다."

이 논쟁은 남인과 서인의 심한 대립으로 치달았고, 결국 서인의 주장이 받아들여져 서인이 정권을 쥐게 되면서 논쟁은 마무리되었습니다. 이 사건을 '1차 예송'이라고 합니다.

그런데 현종 15년(1674), 효종의 비인 인선 왕후가 세상을 떠나자 자의 대비가 어떤 상을 치러야 할지 다시 문제가 되었습니다. 이것이 2차 예송입니다. 《오례의》에는 시어머니는 큰며느리가 죽으면 1년 동안 상복을 입고, 작은며느리가 죽으면 9개월 동안 상복을 입는 것으로 기록되어 있었습니다.

조정 대신들은 다시 논쟁을 벌였습니다. 이번에는 자의 대비가 1년 동안 상복을 입어야 한다는 남인의 주장이 받아들여졌습니다. 현종은 아버지가 왕이 되었는데도 둘째 아들로 취급받는 것이 불만이었던 것입니다.

그러나 현종은 결국 예송논쟁을 마무리짓지 못하고, 34세의 나이로 세상을 떠났습니다.

❧ 송시열, 주자학의 대가로서 파란만장하게 살다

송시열은 선조 40년(1607)에 태어났습니다. 송시열은 인조 11년(1633) 생원시에 장원으로 합격하여 경릉 참봉(종9품으로 가장 낮은 벼슬)으로 벼슬을 시작했습니다.

인조 13년(1635)에 봉림 대군(효종)의 스승이 되었고 이듬해 병자호란 때 왕을 모시고 남한산성에 들어갔습니다. 이 때 조정이 청나라에 항복하자 송시열은 벼슬을 버리고 고향으로 돌아갔습니다. 그 뒤에 여러 벼슬에 임명되었으나 모두 사양하고 학문을 닦고 제자를 기르는 일에만 몰두했습니다.

송시열은 효종이 즉위하자 장령(조선 시대에 관리의 옳지 못한 행동을 살피는 업무를 담당하던 사헌부에 딸린 벼슬)에 등용되어 몇몇 벼슬을 거쳐 집의라는 벼슬에 올랐습니다. 그러나 당시 권력을 잡고 있던 서인 중에서도 청서파(인조 반정에 가담하지 않고 학문 연구에 몰두한 학자를 중심으로 한 파)에 속했던 송시열은 공서파(인조 반정에 가담한 공신들을 중심으로 한 파)의 김자점이 영의정이 되자 벼슬을 내놓고 고향으로 돌아갔습니다.

이듬해에 김자점이 영의정의 자리에서 물러나고 왕이 진선의 벼슬을 내리자 그 뜻을 받들어 관직에 올랐습니다.

효종 2년(1651)에 송시열이 쓴 《장릉지문》이라는 책에 명나라의 연호가 사용된 사실을 안 김자점은 이를 청나라에 알렸습니다. 청나라는 국경 지대에 군사까지 주둔시키며 효종에게 사신을 보내 송시열에게 벌을 주라고 강요했습니다.

청나라의 압력에 못 이겨 송시열은 결국 벼슬을 내놓고 다시 고향으로 내려갔습니다.

청나라의 간섭이 없어지자 효종은 송시열에게 다시 벼슬을 내리려고 했습니다. 하지만 송시열은 벼슬을 거절하고 송준길과 더불어 학문을 연구하고 제자를 가르치는 데 힘을 기울였습니다.

몇 년 뒤인 효종 9년(1658)에 송시열은 다시 찬선에 등용되었습니다. 얼마 뒤 이조 판서에 올라 효종의 뜻을 받들어 이완과 함께 군사력을 강화하고 북벌 계획을 추진했습니다. 그러나 이듬해 효종이 세상을 떠나자 북벌 계획은 중단되었습니다.

효종이 세상을 떠난 뒤 송시열은 효종의 장례 문제로 남인들과 다투다 권력을 잡았습니다. 그 뒤 판의금부사, 판중추부사, 좌참찬 등의 벼슬을 지내면서 서인을 이끌었습니다.

송시열은 효종의 뒤를 이어 왕위에 오른 현종에게도 신임을 받았습니다. 하지만 현종 1년(1660) 우찬성으로 있을 때 효종의 장지(시체를 매장하는 땅)를 잘못 옮겼다는 탄핵을 받아 벼슬을 내놓고 고향으로 내려갔습니다.

현종 9년(1668)에 우의정이 되었으나 좌의정 허적과 뜻이 맞지 않아 한때 사임했다가 다시 조정으로 돌아왔습니다.

송시열은 현종 12년(1671)에 다시 우의정이 되었습니다. 그러나 현종 15년(1674), 인선 왕후(효종의 비)의 죽음으로 자의 대비의 복상(사람이 죽었을 때 상복을 입는 것으로, 죽은 사람과의 촌수에 따라 각기 달랐음) 문제가 논의되자, 남인들과 다시 다투게 되었습니다. 하지만 이 다툼에서는 송시열이 져서 이듬해 덕원으로 귀양을 가야 했습니다. 그 뒤 웅천, 거제, 청풍 등지로 옮겨 다니며 귀양살이를 했습니다.

숙종 6년(1680), 서인이 다시 권력을 잡자 숙종은 송시열을 영중추부사로 삼았습니다. 이어 3년 뒤 송시열은 봉조하(퇴직한 종2품 이상의 관리에게 특별히 내리는 벼슬로, 근무를 하지는 않았으나 관직에 맞는 녹봉을 받았음)라는 특별 대우를 받았습니다.

그 무렵 남인에 대한 처벌 문제가 논의될 때 송시열은 과격한 방법으로 남인을 숙청하자고 주장한 김석주의 편을 들어 소장파의 비난을 받게 되었습니다. 그 때 송시열은 제자 윤증과 감정이 악화되었습니다. 이 일로 서인은 윤증 등이 중심이 된 소장파의 소론과 송시열을 우두머리로 하는 노장파의 노론으로 갈라지고 말았습니다.

송시열은 이 때 충격을 받아 벼슬을 내놓고 물러났습니다. 그리고 청주 화양동으로 돌아가 주자학을 연구하고 제자를 기르는 데 힘썼습니다.

숙종 15년(1689), 장희빈이 낳은 왕자를 세자로 세우려 하자 송시열은 이를 반대하는 상소를 올렸다가 왕의 노여움을 샀습니다. 이 일로 송시열은 제주로 유배를 가게 되었습니다.

얼마 뒤 조정에서 제주로 연락이 왔습니다.

"송시열은 한양으로 올라와 신문을 받으라."

하지만 송시열은 한양으로 올라오지 못했습니다. 송시열이 정읍에 이르렀을 때 다시 어명이 떨어졌던 것입니다.

"죄인 송시열은 사약을 받으라."

그리하여 송시열은 정읍에서 사약을 마시고 파란만장한 삶을 마감했습니다.

송시열은 평생 주자학 연구에 몰두하여 율곡 이이의 학문을 계승했습니다. 그리고 《송자대전》, 《우암집》, 《주자대천차의》 등 많은 책을 남겼습니다.

송시열이 벼슬을 내놓고 고향에 갔을 때 이런 일이 있었습니다.

송시열은 평생 검소한 생활을 하기로 유명했습니다. 벼슬에 있을 때에도 검소했지만 벼슬을 내놓고 고향에 내려와 있을 때에는 더욱 그러했습니다.

당시 재상이거나 재상을 지낸 높은 벼슬아치들은 대개 옥으로 된 관자(상투를 틀 때 머리카락이 흩어지지 않도록 두른 망건의 망줄에 꿰는 작은 구슬)를 다는 것이 유행이었습니다. 그러나 송시열은 벼슬에서 물러나 고향에 있으면서 쇠뿔로 만든 관자를 달았습니다.

사람들이 이상하여 그 까닭을 물었습니다. 왜냐하면 송시열은 그 정도로 가난하지 않은데다 관자는 그 사람의 신분을 나타내는 일종의 표시였기 때문입니다.

"대감께서는 어찌하여 옥관자를 다시지 않고 흔한 쇠뿔 관자를 다십니까?"

"벼슬에서 물러난 사람이 어찌 재상과 같이 옥관자를 달 수 있겠는가?"

그 뒤 서인이 집권하여 송시열은 다시 재상이 되었습니다. 그런데도 송시열은 쇠뿔 관자를 바꾸지 않았습니다. 이번에도 사람들이 물었습니다.

"재상이 되셨는데 아직도 쇠뿔 관자를 다는 이유는 무엇입니까?"

"나는 가난해서 비단 관복을 입지 않고 무명 관복을 입네. 그런데 무명옷에 옥관자를 하면 그게 어디 어울리겠는가?"

이렇게 송시열은 검소한 생활로 학자들의 모범이 되었습니다.

제19대
상업의 발전을 이룬 숙종

숙종이 대동법을 실시하면서 나라의 재정이 안정되고 백성들의 살림이 넉넉해졌습니다.
● 재위 기간(1674~1720)

희빈 장씨를 둘러싸고 권력 다툼이 벌어지다

현종 말, 남인은 서인과의 권력 다툼에서 이겨 권력을 차지하게 되었습니다. 1674년 현종의 뒤를 이어 제19대 왕이 된 숙종은 남인의 세력을 억제해야겠다고 생각했습니다.

그러던 어느 날, 남인인 영의정 허적이 자신의 할아버지가 시호(높은 벼슬을 지낸 신하나 어진 선비들이 죽은 뒤에 그 공적과 덕을 기리어 왕이 내려주던 이름)를 받은 것을 축하하는 잔치를 열었습니다. 그런데 허적은 궁중의 물건인 유악(기름 먹인 천막)을 마음대로 빌려가 잔치에 사용했습니다. 이 사실을 알게 된 숙종은 그 뒤로 더욱 남인을 꺼렸습니다.

그 때 마침 서인들이 허적의 서자인 견과 종실인 복창군, 복선군, 복평군 3형제가 함께 역모를 꾀했다고 고발했습니다. 이 일로 복창군 3형제와 허견, 허적, 윤휴는 사약을 받았고 나머지 일파도 벼슬에서 쫓겨나거나 멀리 귀양을 갔습니다.

이렇게 옥사를 겪으면서 남인은 조정에서 물러나게 되었습니다. 남인이 물러나자 서인인 김수항이 영의정이 되었습니다. 숙종 6년(1680), 남인이 물러나고 서인이 권력을 잡은 이 사건을 '경신환국'이라고 합니다.

이듬해에는 서인의 핵심 인물이었던 민유중의 딸 인현 왕후 민씨가 숙종의 비로 뽑혀서 궁궐에 들어왔습니다. 그러나 숙종은 비슷한 시기에 후궁의 자리에 오른 장옥정에게 빠져 인현 왕후를 멀리했습니다.

장옥정은 왕후의 시종으로 있다가 숙종의 눈에 들어 후궁이 되었습니다. 그리고 임신을 하여 소의 장씨가 되었습니다.

오랫동안 자식이 없었던 숙종은 소의 장씨가 아들 균을 낳자 크게 기뻐했습니다. 숙종은 균을 원자로 삼고 소의 장씨를 희빈에 책봉하려 했습니다.

그러자 서인이 반대했습니다.

"인현 왕후께서 아직 젊으시니 좀더 기다리셔야 합니다."

하지만 숙종은 남인의 도움을 얻어 균을 원자로 정하고 소의 장씨를 희빈으로 책봉했습니다.

이 일로 송시열은 두 번이나 상소를 올렸습니다.

중국 송나라에서는 철종이 후궁의 아들이라 태자가 되지 못했다가 후에 아버지인 신종이 적자가 없이 죽자 결국 왕위를 계승했습니다. 원자를 책봉하기에 적당한 시기가 아닙니다.

숙종은 이미 원자가 결정되었는데 송시열이 이를 거스르고 상소를 올린 것에 화를 냈습니다. 남인들도 송시열의 상소를 반박하자 숙종은 송시열

을 벼슬에서 물러나게 했습니다.

숙종 15년(1689) 2월, 희빈 장씨의 아들인 균(훗날의 경종)의 세자 책봉 문제로 다시 옥사가 일어나 이를 반대하던 서인은 조정에서 물러나게 되었습니다. 숙종은 제주도에 귀양 보냈던 송시열에게 사약을 내렸습니다.

이를 계기로 서인이 몰락하고 남인이 권력을 잡았습니다. 인현 왕후도 폐위되어 궁궐에서 쫓겨나게 되었습니다. 실록에는 이 사건을 '기사환국'으로 기록하고 있습니다.

이듬해인 숙종 16년(1690)에 원자가 세자로 책봉되고 희빈 장씨는 폐위된 인현 왕후의 뒤를 이어 왕비의 자리에 올랐습니다.

인현 왕후, 다시 왕비의 자리에 오르다

숙종은 점차 시간이 지나면서 자신의 결정을 후회하기 시작했습니다. 희빈 장씨와 남인에 대해 싫증을 내기 시작한 것입니다.

이 때 숙종의 마음은 희빈 장씨를 떠나 숙빈 최씨(영조의 생모)에게로 옮겨 가 있었습니다. 숙빈 최씨를 통해 남인을 헐뜯는 말이 숙종의 귀에 들어가게 되었습니다.

숙종 20년(1694)에는 김춘택 등의 서인이 인현 왕후를 복위시키는 데 성공했습니다. 이로써 장씨는 다시 희빈이 되었고, 남인은 권력 다툼에서 밀려나게 되었습니다. 이것이 '갑술환국'입니다.

인현 왕후는 궁중으로 돌아왔지만 오래 살지 못했습니다.

희빈 장씨는 인현 왕후가 복위된 뒤에도 자신이 다시 중전이 되기 위해 안간힘을 썼습니다. 희빈 장씨는 취선당 서쪽에 신당(신을 모시고 기리는 집)을 만들고 인현 왕후가 죽기를 빌었는데, 그것을 그만 들키고 말았습니다.

소론은 세자를 위해 희빈 장씨를 용서해 줄 것을 청했으나 숙종은 듣지 않고 사약을 내렸습니다. 그 뒤 숙종은 후궁이 왕비로 승격될 수 없는 법을 만들었습니다.

숙종은 1720년, 60세로 세상을 떠났습니다.

산업이 발달하다

숙종이 왕위에 있는 동안 대신들 사이에는 정치 싸움이 많았지만 왕의 권력은 더 강해졌습니다. 또한 사회는 전반적으로 안정되고 백성들의 살림은 좀더 넉넉해졌습니다.

숙종은 이전부터 실시해 오던 대동법(나라에 바치던 지방의 특산물이나 수공업 제품 등 여러 공물을 쌀로 내게 한 제도)을 경상도와 황해도까지 실시했습니다. 대동법은 선조 41년(1608)에 경기도에서 처음 실시했는데, 점차 다른 지역에서도 단계적으로 실시하다가 숙종 때에 와서 전국적으로 실시하게 된 것입니다.

대동법을 실시하게 된 뒤 나라의 재정은 안정되었습니다. 대동법은 조선 후기 경제 발전에 큰 영향을 끼쳤습니다.

또한 숙종 4년(1678)에는 상평통보라는 화폐가 널리 쓰였습니다. 이전부터 여러 차례 화폐를 발행했지만 널리 쓰이지 않았는데, 숙종 때부터는 상업이 발달했기 때문에 쓰이게 된 것입니다.

대동법은 상평통보가 유통되는 데 큰 역할을 했습니다. 나라에서 세금을 쌀로 거두게 되면 필요한 물품을 사들여야 했는데 이 때 상평통보가 편리한 거래 수단이 되었습니다.

숙종은 경제뿐만이 아니라 국방에도 힘을 쏟았습니다. 숙종은 이유의 건의에 따라 북한산성을 고쳐 남한산성과 함께 서울을 지킬 수 있게 했고, 금위영을 새로 세웠을 뿐만 아니라 5군영 체제를 확립하는 등 국방을 튼튼히 했습니다.

안용복, 울릉도와 독도를 지키다

안용복은 부산 동래의 좌천동에 살며 고기를 잡는 평범한 어부였습니다. 좌천동은 일본 사신과 역관(통역을 맡아보는 관리)들이 자주 드나들던 곳이어서 안용복은 일찍부터 왜관(일본 사람들이 머물면서 일본과 조선 사이에서 외교 업무와 무역, 상업을 하던 곳)에 드나들며 일본말을 배울 수 있었습니다.

숙종 19년(1693), 안용복은 어부 40여 명과 울릉도로 고기잡이를 나갔다가 그 곳에서 일본의 고기잡이배를 발견했습니다. 그 배에는 호키 주(지금의 일본 돗토리 현과 시마네 현 지역)의 오타니 가문 사람들이 타고 있었습니다. 안용복은 그 사람들에게 이 바다는 조선의 구역이라고 단호하게 말했습니다. 다툼 끝에 안용복은 박어둔이라는 다른 어부와 함께 일본의 오키도로 잡혀가고 말았습니다.

육지에서 멀리 떨어진 섬인 울릉도는 중앙 정부의 관리가 제대로 미치지 않았습니다. 그래서 죄를 지었거나 군역에 동원되는 것을 피해 그 곳으로 도망가는 사람들이 많았습니다. 게다가 왜구의 침략이 잦아 사람들이 안심하고 살 수가 없었습니다.

그래서 조선 태종 때 울릉도의 주민들을 육지로 모두 옮겨 살도록 했습니다. 그 뒤로 울릉도와 독도에는 아무도 살지 않았지만 수시로 섬을 조사해 섬에 대한 행정권은 그대로 지니고 있었습니다.

그런데 울릉도와 독도에 아무도 살지 않는다는 사실을 알게 된 오타니 가문 사람들은 울릉도 근처의 바다에서 고기잡이를 할 수 있게 해 달라고 막부(당시 일본을 지배하던 군사 정권)에 청했습니다. 1618년에 막부는 오타니 가문에 도해 면허권(어떤 지역의 바다에 가서 고기를 잡을 수 있도록 허락해 주는 것)을 내주었습니다. 그 뒤로 오타니 가문 사람들은 울릉도를 다케시마(죽도)로, 독도를 마쓰시마(송도)로 부르며 함부로 들어와 고기를 잡아갔을 뿐만 아니라 나무를 마구 베어 갔습니다.

그러던 중 안용복과 오타니 가문의 충돌이 일어난 것입니다. 그 뒤 약 6년 동안 일본과 조선 간에는 울릉도와 독도가 어느 나라 땅인지를 둘러싸고 외교 문서가 오가게 되었습니다.

안용복은 오키도를 다스리는 관리 앞으로 끌려가서도 울릉도와 독도가 조선의 땅이라는 주장을 조금도 굽히지 않았습니다. 그러자 안용복은 다시 호키 주로 보내져 오타니 가문의 집에 2개월 동안 갇혀 있어야 했습니다. 호키 주의 태수에게 조사를 받으면서도 안용복은 꿋꿋하고 당당했습니다.

결국 호키 주의 태수는 안용복의 일을 막부에 알렸습니다. 막부는 안용복에게 울릉도와 독도는 조선의 땅임을 인정하는 문서를 써 주도록 했습니다. 안용복은 이 문서를 갖고 조선으로 향했습니다.

안용복이 나가사키에 도착하자 일본인들은 호키 주의 태수로부터 받은 문서를 빼앗고 안용복을 쓰시마 섬(대마도)에 있는 감옥에 가두어 버렸습니다. 안용복은 다시 90일 동안 쓰시마 섬의 감옥에서 보냈습니다.

안용복은 부산의 왜관으로 돌아와서도 바로 동래부에 넘겨지지 않고 왜관에서 또다시 50여 일 동안 갇혀 있었습니다. 이런 고생을 치른 뒤에 안용복은 동래부로 갈 수 있었습니다.

그런데 이 때 조선을 방문한 쓰시마 섬의 사신이 가져온 문서에는 이런 내용이 적혀 있었습니다.

> 우리 나라에서 고기를 잡던 조선의 어민에게 이 곳에서 고기잡이를 하면 안 된다고 타일러도 듣지 않기에 그 중 두 명을 잡아 두었습니다. 이제 돌려보내니 앞으로는 다케시마(죽도)에서 고기를 잡는 귀국의 어민이 없도록 조치해 주십시오.

 이 문서는 안용복이 호키 주의 태수에게 받았던 문서와는 완전히 다른 내용이었습니다.

 조선과 평화롭게 지내려는 일본 막부의 입장과는 달리 쓰시마 섬 사람들은 울릉도와 주변 바다를 호시탐탐 노리고 있었습니다. 그래서 오래 전부터 쓰시마 섬에서는 울릉도에 살도록 해 달라는 서신을 여러 번 보내기도 하고, 울릉도를 자세히 조사하고 싶으니 안내해 달라고 부탁하기도 했습니다.

 그 때마다 조선은 울릉도와 독도를 조선의 땅으로 밝혀 놓은 《동국여지승람》의 기록을 보여 주었습니다. 그리고 조선의 땅에 함부로 들어온 외국인은 엄하게 처벌하겠다는 입장을 보였습니다.

조선 조정에서는 일본과 평화 관계를 유지하기 위해 다케시마와 울릉도가 다른 섬인 것처럼 꾸민 서신을 보냈습니다.

그리고 일본의 동향을 파악하기 위해 동래부에 갇힌 채 조사를 받고 있는 안용복에게 유일집을 보냈습니다. 안용복은 유일집에게 쓰시마 섬에서 울릉도를 빼앗으려 한다는 것과 지금처럼 울릉도를 내버려 두면 일본이 차지하고 말 것이라고 했습니다.

유일집이 이 이야기를 숙종에게 아뢰자 숙종은 태도를 바꾸어 다음과 같은 서신을 일본으로 보냈습니다.

> 귀국에서 다케시마라 부르는 섬은 울릉도로 조선의 땅이오. 그럼에도 귀국의 사람들은 함부로 들어와 문제를 일으키고 있소. 앞으로 일본인이 울릉도에 들어오는 것을 금하니 강경한 조치를 해 주기 바라오.

안용복의 말을 듣고 조선의 조정은 처음의 온건한 태도를 고쳐 단호한 태도를 보이기 시작했습니다. 안용복의 노력이 아니었다면 이러한 변화는 일어나지 않았을 것입니다.

조선 조정의 서신을 받은 일본의 막부는 일본인이 울릉도와 독도에 들어가는 것을 금지했습니다. 그러나 일본의 어선이 다시 울릉도의 근해에 나타나자 안용복은 이 문제를 확실히 매듭짓기 위해 다시 일본으로 건너갔습니다. 이 때 안용복은 울릉도와 독도 감세장이라는 관리로 변장한 뒤 오키도 도주와 막부에 항의했습니다.

숙종 25년(1699), 일본은 울릉도와 독도가 조선 영토임을 인정하는 외교 문서를 조선 조정에 보냈습니다.

하지만 안용복은 조선으로 돌아와 바로 체포되었습니다. 상민의 신분으로 함부로 국경을 넘어 일본에 갔고 거짓으로 관리라고 했다는 것이 그 이유였습니다. 다행히 공이 인정되어 사형은 면했지만 안용복은 귀양을 가게 되었습니다.

안용복의 일은 일본 돗토리 현립 박물관에 있는 《죽고도》라는 책에 기록되어 있습니다.

제20대
당쟁의 소용돌이에 있던 경종

경종은 왕위에 있는 동안 거의 병으로 앓아 누워 있었고,
노론과 소론의 권력 다툼으로 조정은 잠잠할 날이 없었습니다.
● 재위 기간(1720~1724)

왕위에 있는 동안 당쟁에 시달리다

경종은 숙종의 맏아들로, 어머니는 희빈 장씨입니다. 경종은 태어난 지 두 달 만에 원자로 봉해졌다가 3세에 세자가 되었습니다. 어머니인 희빈 장씨가 사약을 받고 죽을 당시 경종의 나이는 14세였습니다.

숙종은 세자(경종)가 못마땅했으나 함부로 세자를 폐할 수는 없었습니다.

숙종은 숙빈 최씨의 아들인 연잉군(영조)을 경종의 후사(대를 잇는 아들)로 정할 것을 좌의정 이이명에게 은밀히 부탁했습니다.

또 숙종은 연잉군에게 세자를 대신해서 정사를 배우도록 했습니다. 이 때부터 당파 싸움은 더욱 심해졌습니다. 경종은 소론의 지지를 얻고 있었고, 연잉군은 노론의 지지를 얻고 있었기 때문입니다.

1720년, 숙종이 세상을 떠나고 그 뒤를 이어 경종이 왕위에 올랐습니다. 경종은 성격이 온순했으나 자식이 없고 병이 많았습니다.

노론의 4대신이었던 김창집, 이건명, 이이명, 조태채 등이 왕에게 아뢰었습니다.

"전하께서는 몸이 약하신데다 아직 후사가 없으시니 하루 속히 세제를 정해야 합니다."

우의정 조태구와 사간 유봉휘 등 소론은 이에 반대했습니다.

"전하께서 왕위에 오르신 지 얼마 되지 않았는데, 세제를 책봉하는 것은 너무 이릅니다."

경종은 마지못해 건강을 이유로 노론의 주장을 받아들여 경종 1년(1721)에 동생인 연잉군을 세제로 삼았습니다. 소론인 김일경은 대립 관계에 있던 노론의 지지를 받는 연잉군이 세제로 책봉되려 하자 이를 막으려고 했습니다. 그런데 그 계획이 실패하자 김일경은 내시인 박상검을 이용하여 연잉군을 없애려고 했습니다. 이 일은 결국 실패하여 박상검이 죽음을 당하고, 궁중 나인인 석렬과 필정이 스스로 목숨을 끊었습니다.

신임사화가 일어나다

　노론은 또다시 경종이 몸이 약하여 나랏일을 살피기가 어려우니 세제인 연잉군에게 정무(나라의 여러 가지 일들을 돌보는 것)를 대신 보게 하자고 주장했습니다. 소론은 이를 거세게 반대했습니다. 이번에는 경종도 노론의 주장을 받아들이지 않았습니다.

　소론의 김일경은 대리 청정을 주장했던 노론의 4대신을 왕을 바꾸려는 계획을 세웠다고 모함하여 조정에서 물러나게 했습니다. 얼마 뒤 4대신과

노론 일파는 처형을 당했습니다. 그 뒤 노론은 조정에서 완전히 힘을 잃게 되었습니다.

이처럼 경종 1년(1721)과 2년에 왕위 계승 문제를 둘러싸고 노론과 소론 사이에 일어난 일을 '신임사화'라고 합니다.

이 사건을 계기로 소론이 힘을 얻게 되었습니다. 그러나 경종이 세상을 떠나고 연잉군(영조)이 왕위에 오르자 소론은 다시 관직에서 쫓겨나거나 처벌을 받았습니다.

숙종이 세상을 떠나고 경종이 왕위에 올랐을 때 경종의 나이는 이미 33세였습니다. 경종은 숙종이 아파서 누워 있던 4년 동안 대리 청정을 한 경험이 있기 때문에 나랏일을 살피는 데는 문제가 없었습니다. 하지만 본래 몸이 건강하지 못한데다 숙종의 장례를 치르면서 무리를 한 탓에 의식이 뚜렷하지 못할 때가 많았습니다.

경종은 왕위에 있는 동안 거의 병으로 앓아 누워 있었고 노론과 소론의 권력 다툼으로 조정은 잠잠할 날이 없었습니다.

경종은 이렇다 할 업적을 남기지 못하고 경종 4년(1724)에

동생인 영조에게 왕위를 물려주었습니다.

경종은 37세로 세상을 떠났습니다.

훗날 영조가 강력한 탕평책을 실시했던 것은 세제로 있을 때 겪었던 신임사화의 참담함을 너무도 잘 알고 있었기 때문입니다.

제21대
학문을 좋아한 영조

노론과 소론의 대립 속에서 목숨을 위협받으며 왕위에 오른 영조는 붕당의 대립을 해결하려고 탕평책을 실시하게 되었습니다.
● 재위 기간(1724~1776)

탕평책을 실시하다

영조는 숙종의 둘째 아들로 태어났습니다. 경종 1년(1721), 몸이 약한 경종에게 후사가 없었기 때문에 연잉군을 세제(왕위를 물려받을 왕의 아우)로 책봉해야 한다는 대신들의 의견이 있었습니다. 이 때 소론은 영조가 세제로 책봉되는 것을 반대했고, 노론은 찬성했습니다.

경종 2년(1722) 노론과 소론의 치열한 대립 끝에 노론의 대신 60여 명이 처형되고 170여 명이 귀양을 가는 사건이 일어났습니다. 영조도 이 사건으로 위기를 맞았습니다. 그러나 결국 경종 4년(1724)에 경종이 세상을 떠나면서 영조는 왕위에 오르게 되었습니다.

　노론과 소론의 대립 속에서 목숨을 위협받으며 왕위에 오른 영조는 붕당(조선 시대에 이념과 이해 관계에 따라 이루어진 사림의 집단)의 대립을 해결하려고 탕평책을 실시하게 되었습니다. 탕평책은 당파와 상관 없이 인재를 고르게 등용하여 노론, 소론 사이에 균형을 맞추면서 능력 있는 인재를 관직에 등용할 수 있는 정책이었습니다.

　강력한 탕평책을 통해 당쟁의 중심 인물들을 없애려 하던 영조는 노론의 이의연이 올린 상소가 물의를 일으키자 귀양을 보냈습니다. 그리고 소론의 김일경, 목호룡 등도 상소를 거짓으로 작성했다는 죄로 처형했습니다. 그러고는 당파색이 심하지 않은 노론과 소론의 인물들을 등용했습니다. 이를 '정미환국'이라 하는데, 영조가 극심한 당쟁을 조정하기 위해 행한 것이었습니다.

영조는 학문을 좋아하여 매년 60여 회가 넘게 경연(왕에게 유학의 경서와 사서를 강론하는 일)을 열었습니다.

경연은 1품에서 9품에 이르는 관리들과 승정원, 홍문관의 관리들이 참여했는데, 이 자리에서 사서(유교의 경전인 《논어》, 《맹자》, 《중용》, 《대학》을 통틀어 이르는 말) 오경(유학의 다섯 가지 경서로, 《시경》, 《서경》, 《주역》, 《예기》, 《춘추》를 말함), 역사와 성리학을 강의하고, 강의가 끝나면 대신들과 정책을 토론했습니다. 왕과 의정부, 육조, 승정원, 홍문관, 사헌부, 사간원 등 나라를 다스리는 관리들이 한 자리에 모였기 때문에 정책을 협의하기에 편리했습니다.

영조는 신하들이 사치하지 않도록 늘 단속했습니다. 영조 스스로도 항상 검소하고, 물자를 아끼는 생활을 했습니다. 또한 사형을 쉽게 하지 못하도록 3심 제도를 만들고, 무서운 형벌을 없앴습니다.

예를 들어 중죄인에게 가했던 압슬형이라는 형벌을 없앴습니다. 압슬형은 바닥에 죄인을 꿇어앉히고, 두 손을 등 뒤로

묶은 다음, 죄인의 무릎 위에 무거운 돌을 올려놓고 자백을 받는 것인데, 자백을 하지 않는 경우에는 더 무거운 압슬기를 올리거나 압슬기 위에 사람이 올라서는 고문을 했습니다. 압슬형을 받은 사람은 무릎뼈가 부서지는 비참한 지경에 이르렀습니다. 영조는 1725년에 압슬형을 영원히 없애라는 교지를 내렸습니다.

영조는 이 밖에도 왕위에 있는 동안 수많은 업적을 쌓았습니다. 먼저 법전인 《속오례의》, 《속대전》을 만들어 법을 다시 정비했습니다.

그리고 여름이면 물이 넘쳐서 한양 백성들을 괴롭혔던 청계천을 확장하는 큰 공사를 했습니다. 가난한 백성들에게 임금을 주고 공사를 했기 때문에 청계천 공사는 빈민을 구제하는 계기도 되었습니다.

또한 조선 후기에 문란해진 세금 제도를 고쳐 백성들의 부담을 크게 덜어 주었습니다. 군역의 부담을 덜어 주기 위해 균역법을 시행했고, 군대를 정비하고, 변방에 요새를 만들고,

무기를 새로 만들어 국방을 튼튼히 했습니다.

영조 때에는 안정된 사회를 바탕으로 문화도 발전할 수 있었습니다. 우리 나라 최초의 백과 사전인 《동국문헌비고》가 나왔고, 실학자인 홍대용의 《연행록》, 유형원의 《반계수록》 등이 간행되었습니다.

영조는 83세의 나이로 세상을 떠났습니다.

🌀 박문수, 암행어사로 지방을 돌아다니다

영조의 곁에는 믿음직한 신하들이 많았습니다. 특히 박문수는 뛰어난 학식과 곧은 성품으로 영조의 신임을 받았습니다.

영조는 박문수에게 경상도 암행어사로서 지방을 돌아다니며 백성들의 억울함을 살피게 했습니다. 박문수는 지방의 민심을 살피기 위해 신분을 숨기고 초라한 모습으로 다녔습니다.

박문수는 평판이 좋지 않은 관리와 관청을 몰래 조사하기도 했습니다. 그런데 관아에 보관되어 있어야 할 곡식들이 문서

에만 있고 실제로 없는 경우가 많았습니다.

지방 관청에서는 3, 4월에 곡식을 빌려 주었다가 추수기인 10, 11월에 갚게 하는 환곡 제도를 실시하고 있었습니다. 그런데 탐관오리(탐욕스럽고 행실이 바르지 못한 벼슬아치를 가리키는 말)들이 백성들이 갚은 곡식을 가로챘던 것입니다.

박문수는 암행어사가 되어 옥에 억울하게 갇힌 죄수들을 풀어 주고 관아에서 곡식을 나누어 주었습니다. 처음에는 백성들이 이 말을 믿지 못하고 받으러 오지 않았기 때문에 박문수는 직접 돌아다니며 곡식을 골고루 나누어 주었습니다.

박문수가 암행어사로 다닐 무렵 양산 군수의 욕심이 지나쳐서 백성들이 원망하는 소리가 높았습니다. 양산 군수에게 뇌물을 주고 벼슬을 산 벼슬아치들은 뇌물로 건넨 밑천을 뽑으려고 백성들의 재물을 긁어 모았습니다. 이방도 중간에서 뇌물을 받았기 때문에 백성들은 기르던 씨암탉까지 바쳐야 할 형편이었습니다.

박문수는 양산 군수의 이야기를 듣고 매우 괘씸하게 여겼습니다. 박문수는 거지 차림으로 양산 군수를 찾아가 비쩍 마른 닭 한 마리를 바치겠다고 했습니다.

양산 군수는 그 닭을 보자 버럭 화를 내며 말했습니다.

"아니 이렇게 마른 것을 닭이라고 바치는 거냐! 크고 살찐 것으로 여러 마리 갖고 오너라."

"사또, 저같이 가난한 사람에게 살찐 닭 여러 마리가 어디 있겠습니까?"

박문수가 이렇게 대꾸하자 양산 군수는 화를 냈습니다.

"저놈을 당장 끌어다 볼기를 쳐라. 옥에 가두어도 그런 말이 나오나 보자."

관졸들이 박문수를 잡으러 달려왔습니다.

"이놈들, 어서 물러나지 못할까!"

그 때 박문수가 품에서 마패를 꺼내며 소리쳤습니다.

"암행어사 출도야!"

그와 동시에 우렁찬 소리가 나면서 육모 방망이나 창, 칼을 든 사람들이 나타나 양산 군수를 잡아다가 꿇어앉혔습니다.

박문수는 군수에게 호통을 쳤습니다.

"백성을 제대로 보살펴야 할 관리가 백성을 이렇게 괴롭히다니, 전하의 명령을 받들고 하늘을 대신하여 벌을 내리리라."

양산 군수의 죄를 다스린 다음, 박문수는 백성들의 억울한 사정을 듣고 해결해 주었습니다.

박문수가 가는 곳마다 어사의 임무를 훌륭히 해내자 영조는 박문수를 신임하여 여러 벼슬을 내렸습니다.

이인좌의 난이 일어나다

신임사화 이후 권력을 잃었던 노론은 영조가 왕위에 오르자 다시 권력을 잡았습니다. 그리고 노론의 4대신을 모함하여 죽게 만든 죄로 소론의 김일경, 목호룡 등은 처형을 당했습니다.

이에 불만을 품은 이인좌, 김영해(김일경의 아들), 목시룡(목호룡의 형), 정희량 등은 영조 4년(1728)에 군사를 일으켜 한양을 점령하고 밀풍군(인조의 맏아들인 소현 세자의 증손자) 탄을 왕으로 세우기로 하고 반란을 일으켰습니다.

이인좌는 군사를 이끌고 청주성을 습격하여 충청 병사 이봉상(이순신의 손자)을 죽이고 성을 점령했습니다.

경종께서는 억울하게 돌아가셨다. 경종의 원수를 갚고 소현 세자의 적파손(적자의 피를 이어받은 자손. 적파는 본처가 낳은 자손을 말함)을 추대하여 왕위를 올바로 계승해야 한다.

이인좌는 이런 내용의 격문(어떤 사실을 알려 백성들의 분노나 정의감을 높여 분쟁을 일으키기 위해 쓴 글)을 사방에 돌리고, 경종을 애도하는 의미로 모든 군사들에게 흰 옷을 입게 하고 진천으로 진군했습니다.

호남에서는 박필현이 군사를 일으켜 전주로 향했고, 영남에서는 정희량이 군사를 일으켜 지례와 무주로 향했습니다.

이 때 벼슬에서 물러나 용인에 있던 소론의 원로 최규서가 이 난리를 급히 조정에 알렸습니다. 조정에서는 병조 판서 오명항을 도순무사(지방에서 난리가 일어났을 때 이를 해결하기 위해 보냈던 관리)로 임명하여 군사를 이끌고 나가 반란군을 무찌르게 했습니다.

토벌군은 반란군과의 싸움에서 크게 이기고 이인좌, 권서봉 등을 사로잡아 한양으로 보냈습니다. 그러자 다른 지역의 반란군들도 곧 평정되었습니다. 이인좌 등 반란군의 주모자들은 처형당했습니다.

이인좌의 난은 짧은 시일 안에 평정되었지만, 그 규모는 상당히 컸습니다. 이후 소론 세력은 큰 타격을 받았습니다. 그리고 반란군 토벌에 공을 세운 오명항 등 15명은 공신에 올랐습니다.

세자가 뒤주에 갇혀 죽다

영조 25년(1749), 영조는 세자 선에게 대리 청정을 하게 했습니다. 당시 세자는 14세였습니다.

 영조는 어린 아들에게 몹시 엄격해서 세자는 영조를 몹시 무서워했습니다. 게다가 남인, 소론, 소북 세력 등이 어린 세자가 대리 청정을 하자 이를 이용해 정권을 장악하기 위해 대립했습니다. 그리하여 조정은 왕을 지지하는 파와 세자를 지지하는 파로 나누어졌습니다.

 영조 38년(1762)에 세자의 반대파들은 세자를 폐위시키기 위해 나경언을 시켜 세자의 잘못된 행실 10여 가지를 영조에게 알렸습니다. 세자가 세자빈인 혜경궁 홍씨를 죽이려 했고, 평안도 지방을 몰래 다니며 놀았으며, 궁궐의 풍기를 문란하게 했다는 내용이었습니다.

 영조는 이 일로 크게 노했습니다. 나경언은 처형을 당했고, 영조는 세자를 미워하게 되었습니다.

 세자의 잘못된 행실에 대한 문제가 계속 커지자 결국 영조는 세자에게 자결하라고 명령했습니다. 그러나 세자가 자결을 하라는 명령을 듣지 않자 영조는 뒤주(쌀을 담아 두는 큰 나무 상자)를 가져오라고 했습니다.

신하들이 뒤주를 가져오자 영조가 말했습니다.

"세자는 뒤주에 들어가라. 아무도 세자에게 물을 주어서도 안 되고 먹을 것을 주어서도 안 된다."

뒤주에 갇힌 세자는 처음에는 꺼내 달라고 울부짖었습니다. 그러나 시간이 지나면서 그 목소리가 잦아들었습니다.

"아바마마, 숨이 막힙니다. 살려 주십시오."

8일째 되던 날부터는 아무런 소리도 들리지 않았습니다. 뜨거운 여름 햇볕을 받으며 답답한 뒤주 속에 갇혀 있던 세자는 그만 심한 갈증과 굶주림으로 세상을 뜨고 말았던 것입니다.

세자가 죽은 뒤에야 영조는 자신이 너무했다는 것을 깨달았습니다. 그러나 되돌리기에는 시간이 너무 늦었습니다. 영조는 세자의 시호를 죽음을 슬퍼한다는 의미로 '사도'라 짓고 궁궐 밖으로 쫓아 냈던 세자빈과 세손을 다시 불러들였습니다.

사도 세자의 부인이자 정조의 어머니인 혜경궁 홍씨는 나중에 직접 목격했던 사도 세자의 죽음과 자신의 불행한 일생을

회고하며 책을 썼습니다. 그것이 바로 《한중록》입니다. 《한중록》은 '한이 담긴 기록'이라는 뜻으로, 제목처럼 남편을 잃고 한 많은 삶을 살아야 했던 혜경궁 홍씨의 슬픔이 들어 있습니다.

《한중록》은 모두 네 편으로 이루어져 있는데, 1편에서는 혜경궁 홍씨의 어린 시절과 세자빈이 되어 50년 동안 궁궐에서 지낸 이야기를 담고 있습니다. 2편과 3편에서는 혜경궁 홍씨의 친정이 억울하게 누명을 썼다는 내용을 담고 있고, 4편에서는 사도 세자의 죽음에 대한 내용을 담고 있습니다.

《한중록》은 우아하며 품위 있는 궁중 용어를 사용하고 있으며, 당시의 궁중 풍속 등을 자세히 표현한 점에서 문학적, 역사적 가치가 큽니다. 《한중록》은 《인현 왕후전》과 함께 궁중 문학의 대표작으로 꼽히고 있습니다.

혜경궁 홍씨는 훗날 정조가 사도 세자를 장조로 높여 부르게 되면서 경의 왕후라는 칭호를 받았습니다.

역사 옹달샘

《어린이 조선왕조실록》 4권을 잘 읽었나요?
'역사 옹달샘'에서는 '조선 시대 백성들의 생활'과
관련된 여러 가지 이야기를 살펴보기로 해요.

- 조선 시대의 신분 제도
- 조선 시대의 주민등록증, 호패
- 관혼상제 이야기
- 조선 시대의 학교
- 조선 시대의 공부와 과거 제도
- 문방사우
- 조선 시대의 놀이
- 조선 시대의 모자와 장식품
- 조선 시대의 상업 활동

조선 시대의 신분 제도

■ **양반의 모습**
(혜원전신첩 연당야유 부분, 신윤복)

양반

동반(문반)과 서반(무반)의 두 문무 관료를 양반이라고 합니다. 양반은 여러 가지 특권을 누리며 살았습니다. 토지와 노비를 많이 가지고 있었고, 과거를 통해 나라의 높은 관직을 모두 차지했습니다. 양반은 관리가 되거나 유학자로서 학문을 닦는 데 힘썼습니다.

중인

하급 지배층을 가리키는 말입니다. 양반과 상민의 중간에 위치하여 행정을 담당하거나 기술직으로 일했습니다.

상민

농사를 짓는 농민, 수공업을 하는 수공업자, 장사를 하는 상인 등 평민을 말합니다. 농민들은 농사를 지었지만 대체로 생활이 어려웠습니다. 수공업자나 상인은 나라에 세금을 내야 했고, 농민보다 신분이 아래였습니다.

천민

가장 천대받던 맨 아래층 신분을 말합니다. 양반들의 종이었던 노비는 가장 대표적인 천민으로, 남에게 주거나 팔 수도 있었습니다. 소와 돼지를 잡던 백정, 광대, 무당, 창기 등도 천민이었습니다. 천민들은 신분이 다른 사람과 결혼하는 것이 금지되었고, 신분이 자식들에게도 대물림되었습니다.

조선 시대의 주민등록증, 호패

호패는 무엇인가요?

호패는 왕족에서부터 상민, 천민에 이르기까지 16세 이상의 모든 남자가 차고 다니던 신분증이었습니다. 오늘날의 주민등록증과 비슷한 것이지요. 호패에 기록하는 내용은 신분에 따라 달랐습니다. 호패에는 관직, 성명, 얼굴빛과 수염이 있고 없는 것도 적었으며, 노비는 주인의 나이, 거주지도 적혀 있었습니다. 본인이 죽었을 경우에는 호패를 관가에 반납하도록 했습니다.

■ 무릎 위에 늘어뜨린 호패
(하용표 초상)

잘 시행되었나요?

호패법은 태종 13년(1413)에 처음 시작되었으나 여러 번 없어졌다 다시 생겼습니다. 호패의 사용이 여러 번 중단되었던 것은 호패를 받으면 곧 호적과 군적에 올려졌기 때문에 백성들이 국역을 피하기 위해서 받지 않으려 했기 때문입니다. 또 호패를 위조하거나 교환하는 등 불법을 행하는 일이 많아져서 혼란이 생겼습니다. 조정에서는 호패를 위조하거나 호패를 차지 않는 사람은 법에 따라 처벌했습니다.

세조 때에는 호패청을 두어 사무를 전담하게 했고, 숙종 때에는 호패 대신 종이로 지패를 만드는 등 다른 방법을 취하기도 했습니다.

■ 조선 후기의 호패

관혼상제 이야기

한 사람이 태어나면 백일, 돌, 결혼, 환갑, 죽음과 같은 중요하면서도 의미 있는 순간들을 맞이합니다. 그 때마다 사람들은 돌잔치, 결혼식 같은 의식을 치르며 그 순간의 의미를 되새기지요.
조선 시대에도 마찬가지였습니다. 그 중에서도 관혼상제라 하여 다음의 네 가지 의식을 중요하게 여기며 정성과 예를 다해서 치렀습니다.

■ **혼인식**(평생도, 김홍도)

관례

관례는 요즈음의 성년식 같은 것으로, 열다섯 살에서 스무 살이 되는 남자에게 행했습니다. 성인으로 인정한다는 뜻으로 어릴 때의 이름을 버리게 하고 자를 지어 주었습니다. 여자의 성년 의식은 계례라고 합니다.

남자는 상투를 올리고 여자는 비녀를 꽂는 의식을 했습니다.

혼례

혼례는 남녀가 성인이 되어 가정을 꾸리게 되는 혼인의 예입니다. 혼인을 하면 조상의 제사를 지내고 자손을 낳아서 가문의 대를 이어야 했습니다.

■ 제사 지내는 장면(기산풍속도첩, 김준근)　　■ 제사상 모습(감모제여도)

상례

　상례는 죽은 사람을 땅에 묻는 의식입니다. 사람이 죽은 뒤 1년 만에 소상, 2년 만에 대상을 지내고 담제(초상을 치르고 27개월 만에 지내는 제사), 길제(담제를 치른 다음 달에 지내는 제사)를 지낸 다음에 상복을 벗는 탈상까지의 모든 의식을 말합니다.

제례

　제사는 죽은 사람의 영혼을 위로하는 의식입니다. 제사를 지내면서 자식은 죽은 부모에게 효를 다할 수 있었습니다. 조상이 돌아가신 날, 1년에 네 번 돌아오는 명절에 제사를 지냈으며, 1년에 한 번씩은 먼 조상에게도 제사를 지냈는데 이것을 시제라고 합니다. 이 때 자손과 친족, 친지들은 슬픔 속에서 조상의 은혜와 덕을 추모하며 정성을 다했습니다.

조선 시대의 학교

조선 시대에도 이름과 의미는 다르지만 지금의 초등학교, 중·고등학교, 대학교와 같은 학교가 있었습니다.
조선 시대의 학교는 유학을 가르치고 학생들을 벼슬에 내보내는 것을 목적으로 했습니다. 서울에는 최고의 교육 기관인 성균관이 있었으며 지방에는 향교와 서원, 서당이 있었습니다. 학생들은 대부분 지금의 초등학교와 같은 초급 교육 기관인 서당을 다닌 뒤 향교나 서원에서 학문을 닦고, 과거를 보아 서울의 성균관에 입학했습니다.

서당

서당에 다니는 학생들의 나이는 일곱 살에서 열여섯 살 정도였습니다. 서당에는 선생님인 훈장이 있고 접장이라 부르는 반장도 있었지요. 접장은 서당 생활을 열심히 하고 나이도 많은 아이가 되었는데, 훈장을 대신해서 서당의 학생들을 가르치기도 했습니다. 서당에서는 그 날 배운 내용을 외워야 다음 진도를 나갔고 하루에 한 장씩 글씨 연습을 했습니다. 여름에는 학부모들에게 특별 수업비를 받고 '하과'라는 시를 짓는 수업을 하기도 했습니다.

■ **송담 서원**(강원도 강릉 소재)

향교와 서원

서당에서 공부를 마치면 향교나 서원에 다녔습니다. 향교는 나라에서 관리하는 관학이고 서원은 개인이 세운 사학입니다.

향교는 각 읍에 하나씩 세웠습니다. 서원은 훌륭한 분이 태어난 곳이나 살았던 곳에 세워졌습니다. 향교와 서원은 학생들의 교육을 담당했을 뿐만 아니라 선현들에게 제사도 지냈습니다.

서원은 주변의 자연 환경과 잘 어울리면서 소박하게 지어져 검소하고 청빈하던 조선 선비들의 성향이 잘 반영된 곳입니다.

성균관

조선 시대 최고의 학교는 성균관입니다. 학생들은 성균관에서 공부를 하고 과거를 보아 관리가 될 수 있었지요.

서당을 제외한 성균관, 향교, 서원은 모두 비슷한 구조로 지어졌습니다. 학교 안에는 선현에게 제사를 지내는 사당과 강당 그리고 기숙사가 있었습니다. 또 책을 보관하는 곳, 제사에 사용하는 그릇을 보관하는 곳, 휴게실 등이 있었습니다.

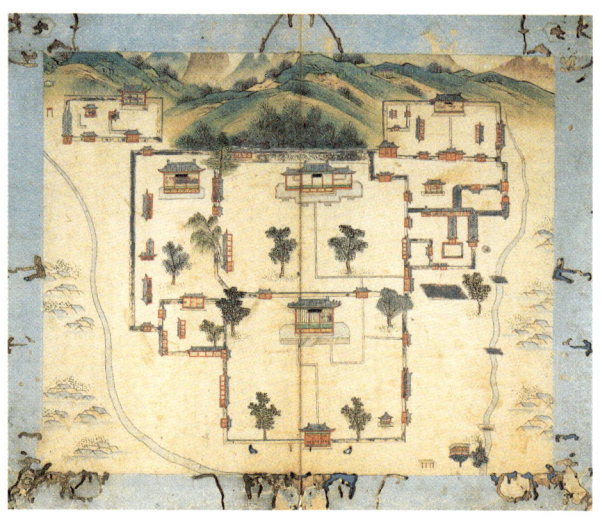

■ **성균관**(태학 계첩)

조선 시대의 공부와 과거 제도

무엇을 공부했나요?

조선 시대에는 가장 기초적인 천자문을 배우며 한자를 익혔습니다. 그리고 선비의 생활 윤리를 담은 《소학》을 배우고, 그 다음에는 《대학》을 포함한 사서오경을 배웠습니다. 사서는 《대학》, 《논어》, 《맹자》, 《중용》이고, 오경은 《서경》, 《시경》, 《주역》, 《예기》, 《춘추》입니다. 그리고 《근사록》, 《심경》, 《주자어류》 순으로 공부하여 그 깊이를 더했습니다.

■ 서당(단원풍속화첩, 김홍도)

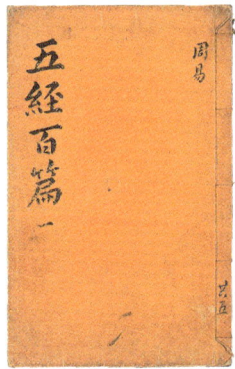

■ 오경백편

양반은 대부분 과거를 보았어요

조선 시대의 양반들은 과거에 합격하지 못하면 관직을 얻을 수 없었습니다. 그래서 양반들은 어릴 때부터 열심히 공부하며 과거를 준비했습니다. 선비들 중에는 60, 70세가 되어서까지 과거에 응시하는 이들이 있었습니다. 그래서 나이가 너무 많은 이들에게는 특별히 급제를 허락하는 경우도 있었습니다.

■ 소과 시험(평생도, 김홍도)

과거에는 어떤 종류가 있었나요?

과거에서 가장 중요한 것은 문과였습니다. 과거 급제라고 하면 문과 합격을 말합니다. 문과 시험에서는 유교에 대한 지식과 식견을 알아보았습니다. 이 시험에 합격하면 문관이 되었습니다. 생원시, 진사시에 합격하면 성균관에 입학하거나 문과를 볼 수 있는 자격이 생겼습니다.

또 장수와 같은 무관이 될 수 있는 무과와 기술관이나 승려, 하급 기술 관리를 뽑는 잡과가 있었습니다.

과거는 3년에 한 번씩 치르는 정식 시험인 식년시와 나라에 경사스런 일이 있을 때 치르는 별시가 있었습니다.

문방사우

　공부하는 학생들에게 꼭 필요한 것은 책과 공책, 연필입니다. 학문을 닦던 조선 시대의 선비들에게도 마찬가지였습니다. 선비들은 글씨를 쓰거나 그림을 그릴 때 한지와 같은 종이를 썼으며, 벼루에 먹을 갈아 먹물을 붓에 찍어 사용했습니다.

　이와 같은 종이, 붓, 먹, 벼루의 네 가지 도구를 문방사우(文房四友)라고 합니다. 중국에서는 선비들의 서재를 '문방'이라고 했습니다. 따라서 '문방사우'란 서재의 네 친구라는 말로, 그만큼 선비들에게 없어서는 안 될 친구처럼 소중한 물건이라는 뜻이지요.

　그 밖에 선비들이 사용하던 문방구에는 붓을 담아 두던 필통, 벼루에 먹을 갈 때 필요한 물을 담아 두는 그릇인 연적, 종이를 누르는 데 쓰는 문진, 그림과 글을 완성한 뒤 이름 옆에 찍던 도장, 벼루를 담아 두던 벼루함 등이 있습니다. 문방구는 서재를 장식하는 기능도 있었기 때문에 화려한 것도 많았습니다.

종이
한지는 닥나무를 이용해 만들었다. 세종 때에는 나라에서 조지소를 설치하여 표전지, 자문지 등의 문서 용지와 돈을 만들기 위한 화폐 용지 등 다양한 종이를 만들었다.

벼루
벼루는 주로 돌로 만들었지만 옥이나 유리, 비취와 같은 보석과 금, 은, 철, 나무로도 만들었다. 사각형, 원형, 타원형 등 모양도 다양했다.

연적
벼루에 먹을 갈 때 쓸 물을 담아 두고 따르는 용기를 말한다. 2개의 구멍이 뚫려 있는데, 한쪽은 물이 나오는 곳이고, 다른 한쪽은 공기가 들어가는 곳이다

먹
우리 나라의 먹은 신라 시대부터 품질이 뛰어났는데, 고려 시대를 거쳐 조선 시대에 이르러 황금 시대를 이루었다. 선비들은 글이나 글씨를 오래도록 간직하기 위해 질이 좋은 먹을 즐겨 사용했다.

붓
붓 자루는 금, 은, 상아, 대나무 등으로 만들었는데 조선 시대 후기에는 대부분 대나무를 사용했다. 붓의 털은 여우, 양, 말, 족제비, 토끼 등의 털로 만들었는데, 족제비 털로 만든 황서필이 최고로 인정받았다.

조선 시대의 놀이

고누놀이

맨 땅이나 종이 같은 데에 말판을 그리고 검은 돌, 흰 돌이나 나무 조각 같은 것으로 자기 말을 삼았습니다. 말을 상대와 한 수씩 놓는 사이에 상대의 말을 잡아먹거나, 상대의 말이 더 이상 피할 수 없게 한 사람이 이기는 놀이입니다.

■ 고누놀이

윷놀이

설날에는 여러 사람이 함께 모여 윷놀이를 즐겼습니다. 막대 모양의 5개의 나무 조각에 도, 개, 걸, 윷, 모를 적어 앞으로 갈 수 있는 숫자를 결정합니다. 윷은 박달나무를 많이 썼고 관서나 관북 지방에서는 콩을 쪼개어 윷을 대신했다고도 합니다. 주로 정월부터 보름까지 이 놀이를 했습니다.

횃불싸움

대보름날에는 횃불싸움이라는 놀이를 했습니다. 횃불은 바짝 마른 대나무나 싸리나무를 새끼줄로 촘촘히 묶어 홰를 만들고 끝에 불을 붙인 것입니다. 저녁이 되면 횃불싸움을 할 두 마을이 동산 위에 모이고 풍악을 울립니다. 둥근 달이 떠오르면 마을 사람들은 두 패로 나뉘어 말싸움을 하는데, 한편이 상대편에게 "술렁수"라고 외치면 상대편은 이 말을 받아 "꼴래꼴래"라고 합니다.

이어서 풍악이 울리고 용감한 청년이 앞장서서 싸움을 시작합니다. 젊은이들은 이마에 수건을 동여매고 횃불을 들고 함성을 지르며 앞으로 나가 서로 상대의 횃불을 빼앗으려고 합니다. 이렇게 한바탕 싸움을 한 뒤 부상자가 많고 횃불을 많이 빼앗긴 편이 지게 됩니다. 마을 간 횃불싸움에서 이긴 마을은 그 해에 풍년이 든다고 믿었답니다.

■ 횃불싸움

그네뛰기

단옷날 하던 놀이입니다. 그네뛰기는 고려 말기부터 전해 오는 놀이라고 합니다. 단옷날이 가까워 오면 마을 청년들이 저녁 때 마을의 큰 나무 밑에 모여 그네를 만듭니다. 각자 집에서 가지고 온 짚으로 새끼를 꼬아 그넷줄을 엮고 판을 대어 튼튼하게 만듭니다.

그넷줄과 판을 이어놓고 큰 나무에서 뻗어나간 굵은 줄기에 그넷줄을 맵니다. 그네뛰기를 하는 곳에는 구경꾼이 구름처럼 모여들었다고 합니다.

■ 그네뛰기

조선 시대의 모자와 장식품

선비들의 모자

조선 시대에는 옷을 갖추어 입을 때 반드시 모자(관모)를 썼습니다. 조선 시대 사람들은 남자도 머리를 길렀기 때문에 단정하게 머리를 간수하기 위하여 모자를 썼습니다. 특히 상류층 남자들은 때와 장소에 맞는 모자를 썼습니다. 그래서 시장에는 모자를 파는 상점이 여럿 있었습니다.

■ 관모를 쓴 사대부 인물 부분 (강희언)

갓(흑립)
사대부의 대표적인 모자. 말총이나 가늘게 오린 대나무로 짜고 그 위에 옻칠을 하여 만들었다.

사모
대신이 관복을 입을 때 썼다. 평민은 혼례를 할 때에만 쓸 수 있었다.

탕건(흑립)
벼슬아치들이 썼던 건으로, 말총으로 만들었다. 평상시에는 망건 위에 쓰거나 외출할 때 갓 아래 받쳐 썼다.

상투관
상투에 씌우는 관으로 주로 왕과 사대부들이 집 안에서 썼다.

정자관
사대부들이 평소에 집에서 쓰던 관으로 2단 또는 3단으로 되어 있다.

여인들의 장식품

그림을 보면 머리 끝에 비녀가 살짝 보입니다. 비녀는 머리를 고정하고 장식할 목적으로 결혼을 한 여자들이 착용했습니다. 비녀의 재료로는 금, 은, 옥, 비취 등을 사용했습니다.

그림의 저고리에는 화려한 장도가 보입니다. 장도는 몸에 휴대하는 작은 칼로 호신과 장식의 역할을 했습니다. 장도와 함께 노리개도 보입니다. 노리개는 여성의 저고리 고름이나 치마 허리에 차는 장신구입니다.

비녀

장도

노리개

■ 미인도

조선 시대의 상업 활동

조선 시대에도 필요한 물건이 생기면 시장에 갔습니다. 조선 시대 사람들은 농사가 최고라고 생각하여 상업과 같은 일을 천하게 여겼지만, 후기로 갈수록 시장이 발달하여 상인들은 큰 이익을 남길 수 있었습니다. 또 돈(화폐)이 지금처럼 널리 쓰이기 전, 사람들은 쌀이나 옷감인 베로 물건을 바꾸어 쓰곤 했습니다. 그러다가 동전을 만들게 되고 나라의 정책으로 사람들에게 알려지면서 돈을 쓰게 된 것입니다.

시전 상인과 사상

시전 상인의 주요 활동 무대는 서울인 한양이었습니다. 서울에는 궁궐이 있고 사람들이 많이 살고 있었기 때문이지요. 시전 상인들은 궁궐에 필요한 물건을 공급해 주고 나라에서는 그 대가로 독점권을 주었습니다.

조선 초기에는 이런 시전 상인들의 세력에 대항할 수 있는 상인이 없었습니다. 그러나 16세기가 지나면서 시전에서 파는 물건을 불법으로 파는 사상이 등장합니다. 사상들은 시장의 질서를 어지럽힌다는 의미로 난전이라고 불리기도 했습니다.

조정에서는 금난전권이라는 법을 만들어 허가를 받지 않은 난전의 물건 판매를 금지했습니다. 그러나 한양의 인구 수가 늘고 팔리는 물건의 수요도 계속 증가해 사상의 활동은 더욱 활발해졌습니다. 결국 조선 후기에 조정에서는 금난전권을 폐지하고 자유롭게 장사하는 것을 허락해 주었습니다.

■ 남대문 밖 시장 풍경

조선 시대의 화폐

조선 시대에 최초로 만들어진 돈은 조선통보입니다. 나라에서는 조선통보가 널리 쓰일 수 있도록 조선통보로만 물건을 사고 팔도록 하는 명령을 내렸습니다. 그러한 노력에도 불구하고 사람들은 여전히 물건을 살 때 베를 사용했고 작은 물건은 쌀로 거래했습니다.

조선통보 다음으로는 십전통보라는 돈이 만들어졌습니다. 그러나 처음 전국적으로 쓰이기 시작한 돈은 상평통보입니다. 숙종 때부터는 대동법이 전국적으로 시행되어 상평통보가 널리 쓰이게 되었습니다. 사람들이 도시로 몰려들고 상업이 발달할수록 사람들은 쌀이나 옷감보다는 운반하기에 편리한 동전을 선호하기 시작했던 것입니다.

결국 조선 후기에 이르러 돈으로 물건을 사는 새로운 시장 질서가 생기게 되고 상평통보는 생활 속에 뿌리를 내리게 되었습니다.

■ **상평통보**
둥근 동전의 가운데에 네모난 구멍이 뚫려 있으며 구멍의 네 변에는 각각 '상·평·통·보'가 한 자씩 써 있다. 그 반대쪽 면에는 만든 관청의 이름이 적혀 있다. 상평통보는 구리와 주석을 섞어 만들었다.

■ **산가지**
상인들이 물건을 거래할 때 사용했던 셈 기구이다. 조선 후기까지 사용되었다.

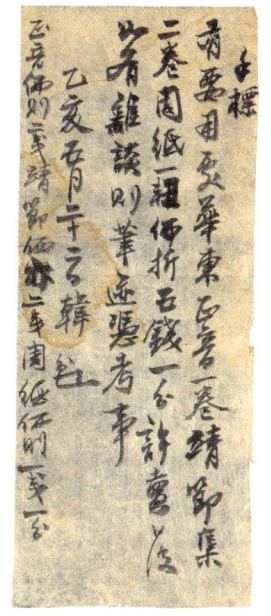

■ **수표**
조선 시대의 영수증으로, 책과 두루마리 종이를 5전 1푼에 구입했다는 내용이 적혀 있다.

어린이 조선왕조실록 4

1판 1쇄 인쇄 | 2006. 12. 26
1판 17쇄 발행 | 2022. 8. 1

어린이 조선왕조실록 편찬위원회 글 | 전병준 그림 | 한국역사연구회 추천 및 감수

발행처 김영사 | **발행인** 고세규
사진제공 간송미술관 서울시립박물관 국립중앙박물관 동아대학교박물관
등록번호 제 406-2003-036호 | **등록일자** 1979. 5. 17.
주소 경기도 파주시 문발로 197(우-10881)
전화 마케팅부 031-955-3100 | **편집부** 031-955-3113~20 | **팩스** 031-955-3111

ⓒ 2006 김영사
이 책의 저작권은 김영사에게 있습니다.
서면에 의한 김영사의 허락 없이 내용의 일부를 인용하거나 발췌하는 것을 금합니다.

값은 표지에 있습니다.
ISBN 978-89-349-2285-8 74900

좋은 독자가 좋은 책을 만듭니다.
김영사는 독자 여러분의 의견에 항상 귀 기울이고 있습니다.
전자우편 book@gimmyoung.com | 홈페이지 www.gimmyoungjr.com

어린이제품 안전특별법에 의한 표시사항
제품명 도서 제조년월일 2022년 8월 1일 제조사명 김영사 주소 10881 경기도 파주시 문발로 197
전화번호 031-955-3100 제조국명 대한민국 ⚠주의 책 모서리에 찍히거나 책장에 베이지 않게 조심하세요.